江苏高校哲学社会科学研究重大项目：共同富裕目标下农民幸福感提升路径研究（2022SJZD146）

南京工业职业技术大学引进人才专项课题：农村劳动力转移与家庭储蓄行为研究（2021SKYJ17）

本书出版得到全国农村固定观察点办公室支持

U0729153

"二元"结构下农村劳动力转移与家庭储蓄行为研究

崔菲菲　著

哈尔滨出版社

HARBIN PUBLISHING HOUSE

图书在版编目（CIP）数据

"二元"结构下农村劳动力转移与家庭储蓄行为研究/
崔菲菲著. — 哈尔滨：哈尔滨出版社，2023.10
　ISBN 978-7-5484-7345-9

　Ⅰ.①二… Ⅱ.①崔… Ⅲ.①农村劳动力－劳动力转
移－研究－中国②家庭－储蓄－研究－中国 Ⅳ.
①F323.6　②F832.22

中国国家版本馆CIP数据核字（2023）第116878号

书　　名：**"二元"结构下农村劳动力转移与家庭储蓄行为研究**
"ER YUAN" JIEGOU XIA NONGCUN LAODONGLI ZHUANYI YU JIATING CHUXU XINGWEI YANJIU

作　　者：崔菲菲　著
责任编辑：王嘉欣
装帧设计：文　一

出版发行：哈尔滨出版社（Harbin Publishing House）
社　　址：哈尔滨市香坊区泰山路82-9号　　邮编：150090
经　　销：全国新华书店
印　　刷：广东虎彩云印刷有限公司
网　　址：www.hrbcbs.com
E－mail：hrbcbs@yeah.net
编辑版权热线：（0451）87900271　87900272

开　　本：710mm×1000mm　　1/16　　印张：10　　　字数：168千字
版　　次：2023年10月第1版
印　　次：2023年10月第1次印刷
书　　号：ISBN 978-7-5484-7345-9
定　　价：78.00元

前　言

我国作为一个高储蓄率的农业大国，持续攀升的农村家庭储蓄率"功不可没"，在典型的城乡"二元"结构下，对农村居民家庭储蓄行为的研究离不开一个特殊的群体——农民工。2018 年中国农民工总量达到 2.88 亿，占总人口的 20.67%，较 2008 年建立农民工监测制度以来增长了 28.00%，加上背后的留守人口和农村居民，占到全国人口的一半以上。由于二元户籍等体制性因素的长期存在，劳动力转移往往是不完全不彻底的暂时性迁徙，他们与城市居民和农村居民面临不一样的预算约束，因此存在不同的储蓄行为。随着中国经济增长方式从投资和出口导向型增长向内驱驱动增长转型，探讨农村劳动力转移对家庭储蓄行为的影响及其作用机制，对于完善促进消费体制机制，扩大内需具有重要现实意义。随着城镇化的加速推进，农村劳动力转移家庭的储蓄行为与现有经典理论预测是否一致？劳动力转移对家庭储蓄行为的影响是否存在异质性？农村居民家庭储蓄率高以及不断上升的根源是什么？已有研究尚未对此给出直接答案。

为了明确回答上述问题，本研究首先在分析城乡二元结构下农村居民家庭储蓄特征和储蓄动机及其变化的基础上，将农村居民家庭消费储蓄和劳动供给联立起来考察，构建二元结构下农村劳动力转移与家庭消费储蓄行为决策的理论模型，综合利用统计分析、面板固定效应、动态面板、PSM、分位数回归等实证分析方法，采用山西农村固定观察点微观农户跟踪调查数据对理论模型进行实证检验，考察农村劳动力转移对家庭储蓄率的异质性影响。其次借鉴国际移民理论，构建二元结构下农村劳动力暂时性转移对家庭储蓄行为影响的理论模型，探讨暂时性迁徙对储蓄率的影响，为 21 世纪以来山西农村居民家庭高储蓄率提供一种新的解释。最后借助行为经济学理论，探讨农村劳动力转移导致家庭收入结构变化对家庭储蓄率的影响，识别长期推动农村居民家庭储蓄不断上升的动力。本研究以期通过山西样本为全国完善促进消费的体制机制、扩大内需献言献策。通过研究，主要得出以下结论：

第一，城乡二元结构是导致山西农村居民家庭储蓄率持续上升的结构性因素。本研究利用1986—2017年山西农村固定观察点长期跟踪调查的农户数据，对生命周期理论、预防性储蓄理论和竞争性储蓄假说以及收入不平等等传统经典消费储蓄理论进行了简单再检验，结果发现：经典消费储蓄理论无法对山西农村家庭高储蓄率，尤其是进入21世纪以来不断上升的储蓄率做出令人信服的诠释，城乡二元结构是导致山西农村居民家庭高储蓄率以及推动家庭储蓄率不断上升的结构性因素。

第二，农村劳动力不完全不彻底和暂时性迁徙是农村居民家庭储蓄率高的主要原因。本研究理论模型和实证研究均表明劳动力转移家庭相比不存在劳动力转移的家庭储蓄率要高出3.91个百分点，劳动力转移规模与家庭储蓄率正相关，劳动力转移率每提高10%，其家庭储蓄率上升1.46个百分点；农村劳动力暂时性转移会显著提高农村家庭储蓄率，返乡可能性提高一个"等级"，储蓄率会提高2.37个百分点。在城乡二元结构下，转移劳动力不仅面临更高的收入消费不确定性，还面临随时返乡的可能性，因而具有更高的预防性储蓄倾向。因此不完全不彻底和暂时性劳动力转移是山西农村家庭储蓄率高的主要原因。

第三，劳动力转移导致收入结构变化是农村居民家庭储蓄率不断上升的主要推动力。在山西整个观察期（1986—2017），农村居民家庭收入结构已经发生了显著性变化，家庭经营性收入占家庭总收入的比重由1986年的78.79%降至2017年的41.18%，而家庭工资性收入占比由1986年的13.67%大幅提高到2017年的45.94%，超过家庭经营性收入成为农村居民家庭第一大收入来源。借助行为经济学"心理账户"理论，实证分析发现，在不同收入来源中，工资性收入具有最高边际储蓄倾向。因此，随着中国加速推进城镇化，农村剩余劳动力不断转移到城镇就业，农村居民家庭收入结构变化，特别是工资性收入占比的不断上升推动了农村居民家庭储蓄率的不断上升。

第四，在农村社会保障体系还没有完全建立起来或保障程度不高的情况下，山西农村家庭高储蓄率背后的保障程度不高。在整个观察期，虽然农村家庭储蓄率持续上升，但基于生活品、生活服务品和住房支出等三个维度的微观数据测算的农村家庭储蓄水平的保障程度其实并不高，次贷危机后反而呈下降走势。因此，进一步完善农村社会保障体系，提高真实的保障程度，降低工资性收入的不确定性以及预期，才有助于刺激农村居民家庭消费，扩大内需。

目 录

第1章 绪 论

1.1 研究背景及问题提出

高储蓄和高投资是改革开放以来中国经济快速增长的主要驱动力（Yang，2012），但次贷危机以来，全球经济复苏疲软，以投资和出口为导向的经济增长方式面临越来越多挑战，中国经济增长迫切需要从投资和出口导向型向内需驱动型转型，而转型成功取决于居民消费储蓄决策。近年来，增强消费对经济发展的基础性作用是政府经济调控的重要领域，但收效不及预期，居民消费占GDP的比重由 2000 年的 46.72% 下降到 2017 年的 39.00%（中国统计年鉴），而与此同时，家庭储蓄率快速增长，家庭总储蓄占家庭可支配收入的比例从 2000 年的不到 28.00% 上升到 2015 年的 37.00%，为世界最高的国家之一（甘犁等，2018）。中国国民储蓄率不仅高于文化相似的东南亚发展中国家，而且显著高于欧美发达国家（冯明，2017），有研究表明，中国国民高储蓄率与较高的居民家庭储蓄率紧密相关（Blanchchard & Giavazzi，2006），家庭储蓄率的不断上升是国民储蓄率高的一个重要来源（Pan，2016），因为宏观上的高储蓄率是由微观家庭的储蓄行为导致的（瞿凌云，2016）。中国是一个农业人口占比较高的发展中国家，持续上升的农村家庭储蓄率是近年来中国家庭高储蓄率不容忽视的推动因素。在典型的城乡"二元"结构下，对于农村家庭储蓄行为的研究离不开一个特殊的群体——农民工，2018 年中国农民工总量达到 2.88 亿，占总人口的 20.67%，较 2008 年建立农民工监测制度以来增长了 27.92%（历年农民工监测调查报告）。伴随农村劳动力转移，他们对未来生活预期和规划、城镇环境感知、收入结构变化等约束条件都在发生显著变化,这将对其家庭储蓄行为产生深刻影响。由于城乡"二元"结构的长期存在,劳动力转移往往是不完全不彻底和暂时性的,劳动力不完全转移的家庭与农村居民、城市居民存在不一样的消费储蓄行为(Meng et al., 2016),不完全的劳动力转移会显著增加迁徙的成本,进而增加边际储蓄倾向,降低边际消费倾向(Skinner, 1993)。因此,农村劳动力转移对家庭储蓄行为以及高储蓄率的影响及其作用机制值得深入研究。

现有关于家庭储蓄行为的研究多是基于经典消费理论的分析,但这些分析仍然是不完全的(Wei & Zhang, 2011),尤其对中国农村家庭消费储蓄问题的分析并不具有普适性(朱信凯、杨顺江,2001),并且消费理论关于私人家庭储蓄的决定因素常带来模棱两可的结论,大量关于储蓄的实证研究得到的结论不一致(Grigoli et al., 2018)。在Lewis(1954)的"二元"经济模型中,相对于农业部门,随着非农部门的发展壮大,其国民储蓄率会随之上升。在"二元"经济理论的基础上,樊纲、吕焱(2013)、张勋等(2014)和冯明(2017)分别构建了二元经济模型、一般均衡模型和搜寻匹配模型、纳什讨价还价模型,从理论上分析了劳动力转移对储蓄率的影响,并认为农村剩余劳动力转移到城镇就业是中国国民储蓄率上升的重要原因,但谢勇、沈坤荣(2011)和刘生龙等(2016)的实证分析却给出了几乎相反的结论,即劳动力转移就业会显著降低农村居民储蓄率[①]。理论上的误区常常导致实践上的茫然(图1.1),上述研究虽已考虑到中国城乡"二元"结构,但鲜有从微观农户层面考察农村劳动力转移对家庭储蓄行为的异质性影响,以致得到截然不同的结论。在中国,农户是一个集生产、消费和劳动供给(劳动力转移)于一体的经济组织,其生产、消费和劳动供给均是基于家庭效用最大化的考量,不同程度的劳动力转移以及导致收入结构变化、返乡意愿或可能性等都在不同程度上改变着家庭面临的约束,进而影响家庭储蓄。已有文献将劳动力转移视为同质,不利于揭示劳动力转移对家庭储蓄决策行为的异质性影响及作用机制。因为不同程度的劳动力转移以及返乡意愿或可能性意味着其对未来预期以及面临的预算约束是不同的,其消

---

① 尽管宏观上的国民储蓄率与微观上的居民家庭储蓄率不能等同,但理论劳动力转移对储蓄的影响在宏观和微观上的方向应该保持一致。

费储蓄行为决策理应有别。此外，现有研究也没有严格区分农村居民家庭高储蓄率与不断上升的储蓄率背后的原因，导致农村居民家庭储蓄率高与不断上升的储蓄率背后的原因理应有别。因此，本研究基于微观农户数据，从劳动力转移异质性视角去探讨劳动力转移对家庭储蓄行为的影响，不仅有助于解释农村家庭储蓄率高的事实，而且可以识别出推动农村居民家庭储蓄率不断上升的动力源，这有助于政府部门制定完善促进消费的体制机制，扩大内需，制定从投资和出口导向型向内需驱动的经济增长方式平稳过渡的有效政策。

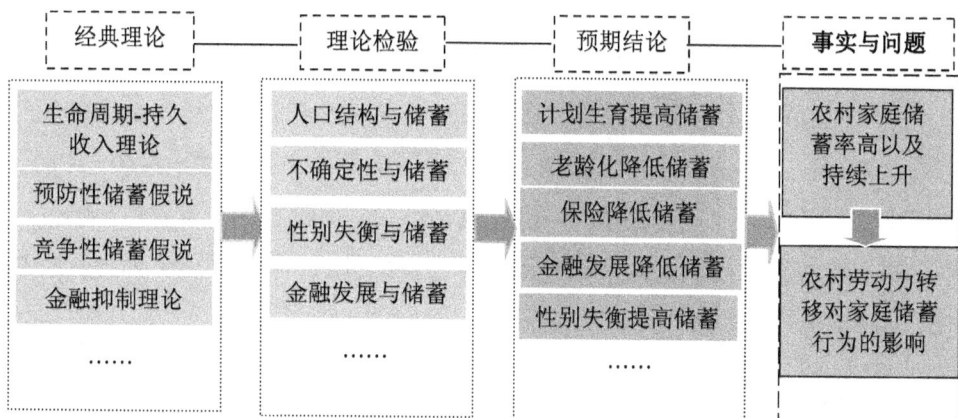

图 1.1 问题提出示意

1.2 研究意义

1.2.1 理论意义

本研究以新古典经济学和新家庭经济学理论为指导，考察城乡"二元"结构下农村劳动力转移与家庭储蓄行为的内在关系，可能存在以下三个方面的理论意义：

1.拓展了劳动力转移与储蓄行为的研究内容。农户是集生产、消费与劳动供给于一体的经济组织，相比以往研究，本研究以城乡"二元"结构下劳动力转移（劳动供给）与家庭储蓄行为为研究对象，基于劳动力转移异质性视角探讨劳动力转移对家庭储蓄的影响及其作用机制。具体而言，从家庭消费效用最大化出发，构建农村劳动力转移与家庭消费储蓄决策行为的理论模型，实证分析劳动力转移对家庭储蓄行为的异质性影响,进一步拓展了劳动力转移与家庭储蓄行为的研究内容。

2.丰富了农村家庭储蓄率之谜的解释。中国从投资和出口导向型向内需驱动型经济增长的平稳过渡取决于居民的消费储蓄行为,长期以来中国家庭高储蓄率一直制约着经济增长方式的转型,经典生命周期-持久收入理论、预防性和竞争性储蓄假说、金融抑制理论等尚不能对中国农村居民家庭储蓄率持续上升做出令人信服的解释,因此从农村劳动力转移异质性视角分析劳动力转移对家庭储蓄行为的影响,有助于识别长期推动家庭储蓄率持续上升的动力因素,为解开中国农村家庭储蓄率之谜提供一种新的解释。

3.深化了劳动力转移与内需驱动增长的关系。近年来,政府不断完善促进消费的体制机制,但效果不及预期,制约当前消费体制扩容的因素依然明显;在城乡"二元"结构下实证分析劳动力转移对家庭储蓄行为的异质性影响及作用机制,找到影响当下农村家庭储蓄的因素,有利于人们对深化劳动力转移与内需驱动增长关系的认知。

1.2.2 现实意义

近年来,经济下行压力持续加大,2018 年中共中央、国务院印发的《关于完善促进消费体制机制,进一步激发居民消费潜力的若干意见》(中发〔2018〕32 号)中明确指出"当前制约消费扩大和升级的体制机制障碍仍然突出"。尽管刺激消费扩大内需已成为近些年来政府宏观调控的重点,但收效甚微。尤其是中美贸易摩擦以来,以投资和出口为导向的经济增长方式迫切需要向内需驱动转型,因此,如何刺激消费扩大内需就成为当下政府和决策层关注的热点问题。根据经典的消费储蓄理论预测,随着老龄化的加剧、人口结构的变化以及社会保障体系的完善和金融市场的发展等,农村居民家庭储蓄率应该下降,但改革开放以来,尤其是进入 21 世纪后,山西农村家庭储蓄率不降反升,这与经典消费储蓄理论预测不一致。本研究以长期跟踪观察的山西农户数据为样本(1986—2017),基于农村家庭储蓄行为的特征、储蓄动机及其变化,通过理论与实证分析,诊断现实与理论预测不一致背后的原因,找出推动农村家庭储蓄率持续上升的动因,识别影响农村居民消费的因素,这对于进一步完善消费升级的体制机制，刺激消费、扩大内需，增强消费对经济发展的基础性作用具有重要现实意义。

1.3 研究内容、方案和技术路线

1.3.1 研究内容

本研究的研究内容主要围绕以下三个方面开展：

1.劳动力转移与农村家庭储蓄率变化的关系

近年来经济下行压力加大，政府一直致力于完善促进消费体制机制以降低家庭储蓄、刺激消费、扩大内需，但农村家庭储蓄率不降反升（图 1.2）。根据生命周期-持久收入理论，储蓄的目的主要是为退休期间提供消费资金（Skinner，1993），但农村居民家庭储蓄目的显然不能只局限于为退休积累消费资金。随着劳动力的流动，其对住房、教育、医疗、养老等预期和环境感知都在发生深刻变化，势必对家庭储蓄行为产生影响。基于山西农村固定观察点农户跟踪观察数据，测算储蓄率持续上升背后的真实储蓄水平，识别影响农村家庭储蓄行为变迁的基础性因素，探讨"二元"结构下农村家庭储蓄行为变化的一般规律。具体研究内容如下：

（1）测算农村居民家庭的真实储蓄水平。从微观农户层面上看，家庭储蓄率是基于储蓄（消费）和收入的计算，一般将储蓄率定义为储蓄与可支配收入之比。进入 21 世纪以来无论是山西还是全国农村家庭储蓄率持续上升，但家庭高储蓄率并不等于高储蓄水平或高保障程度，表面上看农村家庭储蓄率已超过30%（图 1.2），然而相对于"看病贵、住房贵、上学难"等基本公共服务供给不足而言，看病、养老、上学等几乎强烈依附于家庭力量，农村家庭的真实储蓄水平和保障程度到底如何？本部分将结合长序列、大样本的农户跟踪观察数据（1986—2017），首先分析不同收入水平下农村家庭储蓄率的分布特征和不平衡性；其次以家庭衣食住行和教育等家庭支出为参考，测算农村家庭高储蓄率背后的真实储蓄水平；同时以家庭医疗、养老等支出为参考，测算高储蓄率背后的保障程度，分析高储蓄率背后的储蓄动机或原因。

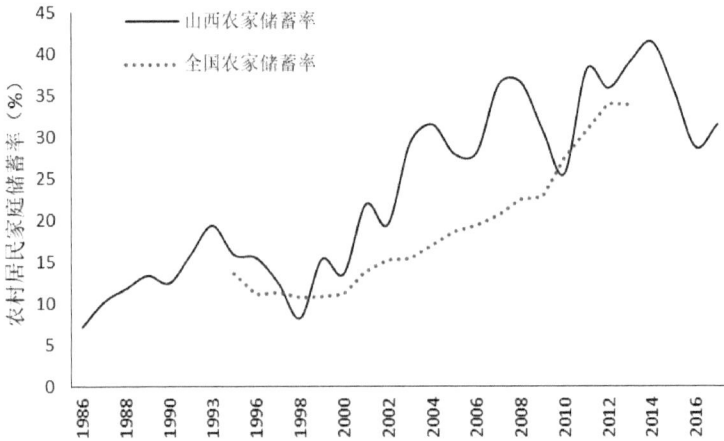

图 1.2   全国和山西农村居民家庭储蓄率及其变化

（2）识别影响农村家庭储蓄行为变迁的基础性因素。随着农村经济的快速发展，全国农村家庭储蓄率从 1995 年的 13.49% 上升到 2013 年的 33.82%（图 1.2）。理论上影响农户储蓄行为的因素有很多，而且随着社会经济环境以及农民预期的变化，其家庭储蓄动机也会随之变化，但长期影响农村家庭储蓄行为的基础性因素可能不变，识别长期影响农村家庭储蓄行为的基础性因素是分析农村家庭储蓄行为变化规律的前提。本部分将基于农户观察数据，在对农村居民家庭的 APS、MPS 和储蓄率变化的基础上，进行时空分析，找到农村家庭储蓄的特征和动机，判断影响农村家庭储蓄行为变迁的阶段性和基础性因素。与此同时，还利用微观数据，对传统经典消费储蓄理论，如生命周期、收入分配不平等、预防性储蓄和竞争性储蓄等进行简单的经验验证，探讨经典消费储蓄理论的普适性与"二元"结构下农户家庭储蓄行为的特殊性之间的关系，以及背后的原因，重点关注经典理论对农村家庭储蓄率持续上升的解释力。

（3）探讨劳动力转移与农村家庭储蓄行为变化的内在关系。立足于农村家庭储蓄率波动上升的事实，尤其是进入 21 世纪以来，基于农村固定观察点连续跟踪调查农户数据（1986—2017），借助描述性统计分析方法，对劳动力转移家庭与农村居民储蓄行为的关系进行描述性统计分析，得到劳动力转移与家庭储蓄水平以及储蓄率变化的相关关系，为构建劳动力转移与家庭储蓄行为的理论模型和实证分析奠定基础。

2. 农村劳动力转移与家庭储蓄行为：理论与实证

（1）劳动力转移对家庭储蓄率的异质性影响

以新家庭经济学理论为指导，基于农户是集生产、消费和劳动供给于一体的经济组织，从家庭效用最大化视角出发，构建农村劳动力转移与家庭消费储蓄行为的理论模型，分析劳动力转移对家庭储蓄率的影响，并基于山西农村固定观察点农户跟踪调查数据，综合运用面板双向固定、工具变量等计量方法实证分析劳动力转移对家庭储蓄率的异质性影响。

（2）劳动力暂时性转移对家庭储蓄率的异质性影响

在"二元"经济结构下构建两期世代交叠模型，分析劳动力暂时性迁徙与家庭储蓄行为的关系，继续利用山西固定观察点微观农户跟踪调查数据，实证分析劳动力返乡可能性（概率）对家庭储蓄率的影响。尽管劳动力返乡可能性与转移劳动力本身的"主观"返乡意愿和计划有关，但实际上转移劳动力的返乡意愿还取决于流入地的户籍制度以及城市基本公共服务供给等外部"客观"因素。在城乡"二元"户籍制度下，暂时性与永久性迁徙在很大程度上不是取决于转移劳动力本身的"主观意愿"，而是更多地取决于迁入地的户籍制度管制，以及城市公共服务供给（教育、医疗、住房等）等"客观"因素，因此本部分从流入地户籍管制等客观因素层面来考察返乡可能性或暂时性转移的可能性对家庭储蓄行为的影响。为了考察劳动力暂时性转移对家庭储蓄行为的影响，基于劳动力外出工作地点（县内村外、省内县外、本省省城、省外境内）来刻画暂时性迁徙的可能性（客观概率），并采用 SYS-GMM 估计方法进行实证分析。

（3）劳动力转移、收入结构变化与家庭储蓄率

随着农村市场经济的发展，尤其是农村大量剩余劳动力外出就业，传统上以家庭经营收入为主的家庭收入结构逐渐演变为以外出务工收入为主。这种收入来源的结构性变化可能是影响农村家庭储蓄行为的重要因素，尤其是在城乡"二元"结构下，"候鸟式"的农村劳动力流动不利于农民消费方式城市化（范剑平、向书坚，1999）。根据行为经济学心理账户理论，不同来源收入的边际消费倾向（边际储蓄倾向）不同（Peng et al.，2018）。为了探讨劳动力转移引起的收入结构变化对农村家庭消费储蓄行为的影响，本部分在心理账户理论的指导下，继续采用山西 1986—2017 年农村固定观察点农户跟踪观察数据，实证分

析不同来源收入的边际储蓄倾向是否相同，如果不同来源收入的边际储蓄倾向不同，尤其是工资性收入的边际储蓄倾向显著高于其他家庭来源收入，则意味着随着城镇化的加速推进，农村劳动力外出工资性收入的增长，农村家庭储蓄率也会随之上升。

3.优化促进消费体制机制的政策建议

结合上述各部分的研究结论，总结改革开放以来农村家庭储蓄行为变迁的时空特征以及储蓄率变化过程，对 21 世纪以来农村家庭高储蓄率以及持续上升的储蓄率做出合理解释；完善促进消费体制机制不应忽视农民工这一庞大的群体及其背后的家庭，有序推动农民工市民化的关键是城镇基本公共服务供给向常住人口全覆盖，继续深化户籍制度改革，千方百计促进不完全不彻底以及暂时性转移向永久性迁徙转变，让农村居民"能消费、愿消费、敢消费"，形成合理的消费预期。

1.3.2 研究方案和技术路线

为了完成计划的研究内容，本研究遵循"提出问题—分析问题—解决问题"研究思路，力争做到现实问题分析透彻、理论问题深刻揭示、政策建议切实可行的研究效果。具体研究方案和技术路线如图 1.3。

基于 21 世纪以来农村家庭储蓄率持续上升的基本现实，首先运用微观农户数据对现有经典消费储蓄理论进行简单再检验，比较分析各经典理论对农村家庭储蓄行为变化的现实解释力，讨论经典理论预测与现实差异背后可能的原因；分析劳动力转移对农村家庭储蓄行为的影响，寻找长期影响农村家庭储蓄率的基础性因素，对农村家庭高储蓄率做出合理解释；其次构建城乡"二元"结构下劳动力转移与农村家庭消费储蓄行为决策的理论模型，探讨劳动力转移以及收入结构变化对农村家庭消费储蓄率的影响，综合运用多种计量方法实证分析劳动力转移对农村家庭储蓄率的异质性影响；最后提出完善促进消费的体制机制，增强消费对经济发展的基础性作用的政策建议。

农村劳动力转移对家庭储蓄影响的研究框架及方法体系

逻辑思路	研究内容	研究方法

问题提出 — 经典消费储蓄理论 → 能否解释? → 农村家庭储蓄率高以及持续上升 ｜ 文献归纳 统计分析 计量回归 分位数回归

理论分析 — 劳动力转移与家庭储蓄行为理论模型构建 ｜ 数理模型构建

实证分析 — 劳动力转移对家庭储蓄率的异质性影响；劳动力暂时性转移对家庭储蓄率的影响；劳动力转移、收入结构变化与家庭储蓄率 ｜ SYS-GMM\面板固定效应\工具变量回归\分位数回归等

结论/政策 — 完善促进消费体制机制的政策建议 ｜ 规范分析 归纳分析

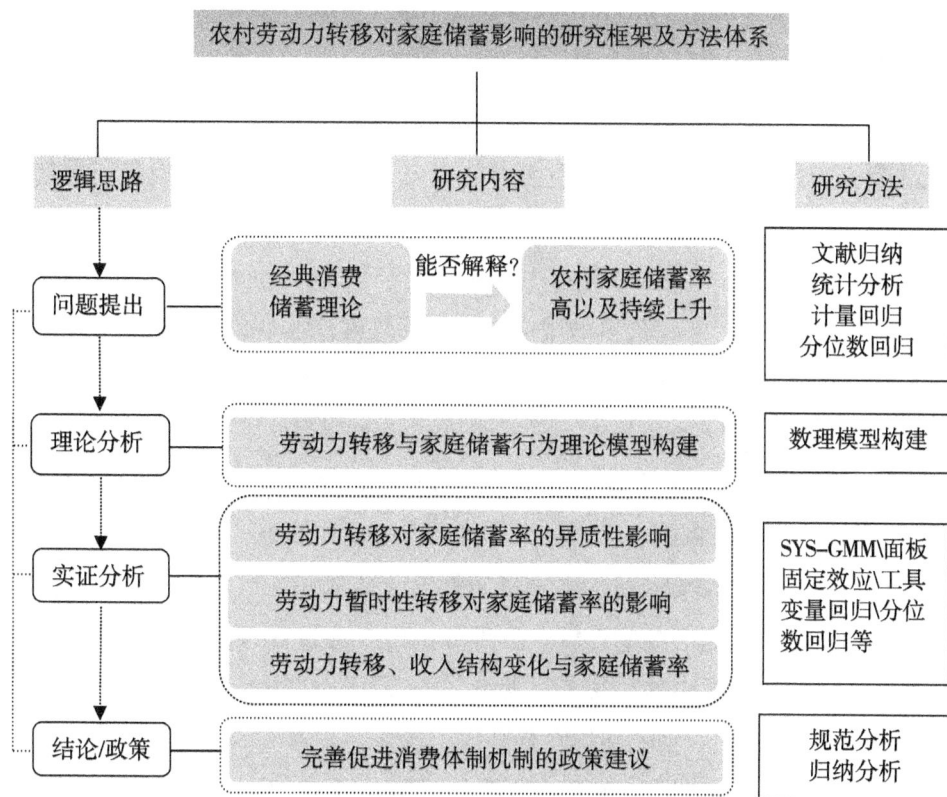

图 1.3　研究方案和技术路线

1.4　研究对象和数据来源

1.4.1　关键概念界定

1.农村劳动力转移

改革开放以来，随着家庭承包责任制的实施，农业生产力大幅提升，释放出了大量农村剩余劳动力。为了适应市场经济的发展，从建国到第一个五年计划建立的城乡"二元"分治的户籍管理制度得到逐步放松和调整，1984 年国务院颁布《关于农民进入集镇落户问题的通知》，第一次允许农民"自理口粮"进城落户，户籍严控制度开始松动。进入 20 世纪 90 年代，乡镇企业异军突起，大量农村剩余劳动力进城就业，为了解决进城落户与较少的计划进城指标间的矛盾，1992 年公安部决定放松城镇、经济特区、经济开发区等区域的户

籍制度管制，尤其是 1993 年全面放开粮油市场，但城乡"二元"户籍制度并没有因此完全退出，取而代之的是各地的常住户口、暂住户口和寄住户口的人口登记管理制度。城乡"二元"户籍分治是计划经济体制色彩最浓厚的领域。进入 21 世纪以来，2001 年《国务院批转公安部关于推进小城镇户籍管理制度意见》的通知，标志着中小城镇户籍制度得以全面放松。尤其是近年来，中国加速了户籍制度改革，如 2013 年《中共中央关于全面深化改革若干重大问题的决定》中明确规定了不同规模的城市人口管理政策，中小城镇和建制镇全面放松落户限制，中等城市有序放开，大城镇合理确定落户条件，特大城市落户严格控制，2014 年《国务院关于进一步推进户籍制度改革的意见》指出要进一步调整户口迁徙政策，不再区分城乡户口登记，统一城乡户口登记制度，对流动人口实施居住证制度，稳步推进义务教育、就业服务、基本养老、基本医疗卫生、住房保障等城镇基本公共服务覆盖全部常住人口。但是户籍制度改革仍然举步维艰，统一城乡户籍登记容易，但要为常住人口提供均等的城镇基本公共服务却是艰难的。在典型的城乡"二元"结构下，中国产生一个特殊的群体——农民工，他们在城乡之间像"候鸟"一样来回迁徙。根据《农民工监测调查报告》，截至 2018 年中国农民工高达 2.88 亿人，占全国总人口的20.67%。关于劳动力转移的界定，国家统计局对劳动力转移的定义为"凡是在一年之内从事非农劳动累计时间达到 6 个月以上的农村劳动力都划分为农村转移劳动力"，程名望（2007）将劳动力转移定义为"到向外就业 6 个月以上的劳动力，或者虽然未发生地域性转移，但在本乡内的非农产业就业 6 个月以上的劳动力"。结合农村劳动力流动的特性和统计局关于城镇常住人口的相关界定，本研究将农村劳动力离开户籍所在地在外从业时间 6 个月及以上的劳动力定义为农村劳动力转移。

2. 储蓄及储蓄率

无论是官方统计还是实地调查，一般不直接涉及储蓄和储蓄率指标，即使涉及也常由于收入低报导致储蓄指标有偏。因此，储蓄和储蓄率数据一般需要经过收入和消费数据计算而得。Modigliani & Cao（2004）用人力资本投资和耐用消费品之和与收入之比来作为储蓄率的代理变量，但受到耐用消费品和人力资本投资定义的限制；Butelmann & Gallego（2000）采用（收入－消费）/消费得到储蓄率，胡翠、许召元（2014）在收入大于消费时采用（收入－消费）/收入，而在当收入低于消费时，采用（收入－消费）/消费计算储蓄率；万广华等（2003）根据农户收入特性，采用储蓄＝农户纯收入－消费支出，并在此基础上计算家庭储蓄率（储蓄率＝储蓄/纯收入）。本研究在计算储蓄率时借鉴万广华等对储蓄率的计算方法。

1.4.2 研究区域

本研究研究的区域是山西，位于华北地区。从历史看，山西是中国社会演进中一个非常重要的区域，是华夏文明的发祥地之一，拥有众多的古遗址，传说中的尧都平阳（今临汾）、舜都蒲坂（今永济）、禹都安邑（今夏县），都在山西境内。从地理区位看，山西东有巍巍太行山，与河南、河北相邻；西部和南部以滔滔黄河为堑，与陕西、河南两省相邻；北跨绵绵外长城，与内蒙古毗连。从国土面积上看，山西并不大，只有 15.67 万平方公里，占全国国土面积的1.63%。山西对中国历史进程影响巨大，特别是在唐代，山西是李家王朝的发源地，同时也是中国唯一女皇的家乡。由于特殊的地理区位，山西历来是中国兵家必争之地（彭小辉等，2017）。

在经济发展方面，山西在全国的地位与其国土面积份额基本相当。总体看，山西的经济在全国处于中等偏下水平（表 1.1），2017 年山西 GDP 为 15528.42亿元，占全国 GDP 的 1.89%，略高于国土面积的份额和人口规模的份额。2017年山西 GDP 和人均 GDP 在全国分别排名第 17 位和第 15 位。粮食产量 2017 年达到了 1299.90 万吨，占全国总量的 2.10%。居民人均可支配收入为 25974 元，占全国平均水平的 78.62%，排在全国第 24 位。总之，山西各项指标在全国处于中等水平，具有一定的代表性。

表 1.1 2017 年山西基本情况

	GDP（亿元）	人均GDP	土地面积（万平方千米）	粮食产量（万吨）	人口规模（万人）	人均可支配收入（元）
2017 年	15528.42	16143	15.63	1299.90	3294	25974
占全国比重	1.89%	27.06%	1.63%	2.10%	2.37%	78.62%
在全国排名	17	15	19	18	19	24

就整个观察期看，无论是经济总体（GDP），还是人民经济生活（人均GDP、纯收入）在全国省级经济发展中的份额或排位，均保持稳定，尽管有波动，但整体变化不大，这一结果从某种程度反映出：观察山西这个"一斑"的发展似乎意味着可以起到观察全国这个"全豹"之作用。山西特殊的地理位置，决定了山西的经济发展不可能走在全国前列，但也不可能太落后于全国，在整个中国经济整体中起着转承作用。

1.4.3 数据来源

本研究所用数据来自山西农村固定观察点，调查始于1984年，该年底由中共中央书记处农村政策研究室和国务院农村发展研究中心牵头，组织协调28个省市农村工作部门的8000多名调查人员，对37422户、272个村、93个乡和71个县进行了一次全面的农村社会经济典型调查。中央书记处农村政策研究室、国务院农村发展研究中心以文件形式正式提出《关于建立农村长期固定观察点的意见》，并决定将1984年调查的村庄作为未来观察点进行长期跟踪观察。观察点的定位在村，以村和农户为主要调查对象。调查的内容涉及八大部分，分别是分组标志及家庭成员构成情况、土地情况、固定资产情况、农户家庭生产经营情况、出售农产品情况、购买种植业生产资料情况、家庭全年收支情况、全年主要粮食消费量和耐用物品年末拥有量及居住情况，涉及指标达900多个。山西省是较早参加全国农村社会经济调查的省份之一。本研究使用山西农户跟踪观察的数据周期为1986—2017年，总共28174个样本，历年分布情况详见表1.2。

表 1.2　历年山西农户样本调查分布情况[①]

年份	1986	1987	1988	1989	1990	1991	1993	1995	1996	1997
农户数	992	993	994	996	1005	995	938	942	935	936
年份	1998	1999	2000	2001	2002	2003	2004	2005	2006	2007
农户数	936	931	941	931	818	924	917	915	960	952
年份	2008	2009	2010	2011	2012	2013	2014	2015	2016	2017
农户数	953	954	947	930	924	843	951	831	940	955

---

① 1992年对观察点有过调整，由一年一次改为两年一次，由此不能体现跟踪之意，之后重新回到一年一次的跟踪调查，但也由此导致了1992和1994年数据的缺失。

1.5 研究目的和研究方法

1.5.1 研究目的

在对山西农村家庭储蓄动机以及储蓄行为变迁分析的基础上，构建适合分析山西农村家庭储蓄行为的理论框架和研究方法体系，探讨二元结构下劳动力转移对农村家庭储蓄行为的影响及其作用机制，识别农村家庭储蓄率高的原因，为 21 世纪以来山西农村家庭储蓄率不断上升找到新的解释；与此同时，找出制约当下农村家庭消费的因素，为完善促进消费的体制机制，扩大内需提供政策建议。

1.5.2 研究方法

本研究是一个理论与实践相结合的应用性研究，它不仅涉及新家庭经济学和新古典经济学的基本理论，还涉及在微观上对农村家庭高储蓄率以及不断上升的储蓄率做出合理解释的现实问题，更涉及在宏观上如何引导农村家庭形成合理消费预期，进一步激发消费潜力，实现经济增长方式从出口导向型向内需驱动型转型平稳过渡的现实问题。因此，立足农村家庭储蓄率不断上升的事实，从劳动力转移异质性视角出发，基于山西农户调查数据，定性定量相结合，便成为本研究研究的基本方法。我们将采用计量与经济理论模型，实证与规范分析相结合的研究方法，以期能够得到更加完备的理论框架和更加准确的研究成果和结论。

具体的理论分析方法包括家庭储蓄行为决策理论模型、最优化分析、局部均衡、两期交替迭代等经典的主流经济学分析方法，还包括最近几十年兴起的行为经济学理论和分析方法；实证分析方法包括统计分析、面板固定效应、动态面板、工具变量、分位数回归等方法。

总之，本研究重视理论与实践的结合，以理论指导实践，再以实践丰富理论。一方面，力图准确地把握和阐释现实中农村家庭储蓄率不断上升的基本现实问题；另一方面，利用最有力的理论工具分析并解决现实问题，并将研究成果放到现实中加以验证，从而使得出的研究结果更加完善和切合实际，最终提出切实有效的促进农村居民家庭"能消费、愿消费、敢消费"的政策建议。

1.6 可能的创新和不足

1.6.1 可能的创新

根据研究内容和研究目的,本研究可能的创新有以下三点:

第一,农户是集生产、消费和劳动供给于一体的经济组织,基于新家庭经济学理论,从家庭效用最大化视角出发构建劳动力转移(劳动供给)与家庭消费储蓄行为决策的理论模型,探讨劳动力转移对农村家庭储蓄率的异质性影响。

第二,在经典世代交叠模型的基础上,运用局部均衡分析方法分析农村劳动力暂时性转移对家庭储蓄的影响,识别农村劳动力暂时性迁徙对家庭储蓄率的影响。

第三,基于行为经济学心理账户视角,实证分析劳动力转移导致家庭收入结构变化进而影响家庭储蓄,找到推动 21 世纪以来农村家庭储蓄率不断上升的原因。

1.6.2 不足之处

本研究不足之处在于:第一,理论和实证上虽然发现城乡"二元"结构是导致山西农村家庭储蓄率高以及不断上升的结构性因素,但由于本研究数据只涉及农村居民,因此只能比较分析农村劳动力转移家庭与农村居民的储蓄行为差异,而无法就其与城镇居民储蓄行为进行比较分析,因此也就无法进一步测算农民工市民化对降低储蓄率的影响。第二,影响农村家庭储蓄行为的因素是众多的,尽管经典的消费储蓄理论对解释储蓄行为提供了不同的视角,但在社会经济发展转型期,农村家庭对未来的"预期"以及计划可能都会深刻影响到其家庭储蓄,这需要更多微观数据的支持以及实地调查。目前限于数据,本研究尚不足以对上述问题进行深入和系统的探讨,但可以作为未来的研究方向。第三,家庭层面的储蓄数据并不能直接与个体储蓄以及年龄挂钩,但无论是在国外还是国内,对于储蓄的调查多以家庭为单位。因此,限于数据,本研究只能用家庭层面的储蓄数据去代替个体的储蓄，待未来有更好的个体数据，可以进一步做更详细的研究。此外，在对经典消费储蓄理论进行经验性再验证时并没有考虑采用更多的控制变量，只是对其进行粗略的估计或描述性统计分析，毕竟这并不是本研究关注的重点。

第 2 章　文献综述及理论基础

在一国经济运行中，储蓄和消费一直是经济学研究的重要领域。尽管储蓄与消费存在此消彼长的关系，但影响储蓄和消费的因素以及动机却是不同的。储蓄不仅关联着消费而且关联着投资，是任何一个经济体不可缺少的部分，对社会总需求起到调节作用，同时作为国民财富积累的源泉，在一定程度上决定着资本存量，影响投资、经济增长及就业。由于储蓄和消费这种特殊的关系，现有主流储蓄理论多以消费理论为基础，是消费理论的另一种表述。

2.1　经典储蓄理论

人们对于储蓄问题的研究由来已久，由于储蓄与消费的紧密关系，经典的储蓄理论更多是从消费视角展开，如亚当·斯密的消费理论、过度储蓄理论、凯恩斯的绝对收入假说和杜森贝利的相对收入假说、生命周期-持久收入假说等。

经典的储蓄理论最早可以追溯到亚当·斯密的消费理论（Adam Smith，1776），他在《国富论》一书中有鲜明的论述："储蓄利于资本积累，储蓄率等于或至少相当于资本即投资的增长率"，"节俭会增加公共资本，奢侈会减少公共资本，而支出等于收入的人既不积累资本也不侵蚀资本，不会使资本增加或是减少"。他认为"资本增加的直接原因是节俭，不是勤劳"。对于储蓄与消费的关系，斯密不仅看到了储蓄与消费的对立关系，而且观察到了储蓄与消费的跨时选择问题。斯密认为："个人的收入既可以用来即时享用，也可以用来购买比较耐久的、可以蓄积的物品，即可以减少次日的费用或增加次日费用的效果"。

斯密关于储蓄理论的独立论述并不多，他关于储蓄行为的观点大多散见于其关于消费、资本积累和国民财富增长关系的论述中。与斯密储蓄理论相反的是过度储蓄理论，持该观点的人认为过度储蓄会造成经济增长缺乏后劲，为经济积累带来麻烦。过度储蓄理论较有代表性的主要有曼迪维尔、马尔萨斯以及霍布森等人，他们分别从不同的角度对过度储蓄进行了论述。然而，无论是曼迪维尔、马尔萨斯还是霍布森，虽然研究视角不同，但在储蓄思想上是一脉相承的，即都认为储蓄应该有度，一个经济体保持合理的储蓄能兼顾生产和消费，有利于资本形成和经济增长，而过度储蓄则会抑制经济增长。反观中国改革开放以来经济的快速增长离不开高储蓄率、高资本形成率和低消费的贡献，但随着经济的进一步发展，尤其是投资和出口导向型的经济增长向内需驱动增长模式转型，"高储蓄、低消费"导致内需不足已成为制约和阻碍中国经济增长方式顺利转型的重要因素。

进入 20 世纪 30 年代，凯恩斯《就业、利息与货币通论》一书的出版代表着宏观经济学诞生，他在书中提出了绝对收入理论假说，否定了新古典学派将消费储蓄与利率简单关联的结论，从而开启了西方消费储蓄理论研究的新篇章。绝对收入理论假说将消费与当期实际收入联系起来，认为影响消费的决定性因素是实际收入而不是新古典学派所强调的利率，因此同时也就否定了利率对储蓄的影响（唐文进，2001）。凯恩斯认为决定储蓄的主要因素是当期收入，更确定地说是可支配收入，而其他因素对储蓄的影响较小。在此基础上，他还提出了边际消费倾向递减的心理定律。随着收入的增加，边际消费倾向（边际储蓄倾向）递减（递增），导致总需求下降，经济衰退。在凯恩斯的宏观经济理论中，消费（储蓄）理论是整个宏观经济理论框架的基石，在整个经济学说史上占有重要地位（罗晰文，2014）。

与凯恩斯的绝对收入理论只考虑当期可支配收入对储蓄的影响不同，杜森贝利（Duesenberry，1949）在《收入、储蓄和消费者行为》一书中提出了相对收入理论假说，该假说首次否认了凯恩斯的绝对收入理论中隐含的重要假定，即消费者之间的消费行为彼此独立和消费行为的可逆性，他认为现实中储蓄受到多重因素的影响，人的消费行为不仅受到当期收入的影响，还受到过去消费习惯以及周围人的消费水准的影响[1]，即示范效应和棘轮效应。示范效应强调个体的消费行为不是独立行为，而是相互影响的，个体的消费行为不仅受到自身收入水平的影响，还受到周围人的消费行为影响。个体作为一个社会人会模仿周围人的消费行为，追求更高的生活水平，即使收入没有大幅增加，也可能增加消费支出。但个人收入减少时，为了保持与周围人同等的消费水平，个体并不会减少消费支出。棘轮效应是指个体消费行为受过去自身消费习惯的影响，而消费习惯的形成往往具有不可逆性。个体消费支出不仅受到当期收入水平的影响，而且还受过去消费水平和习惯的影响。一般而言，个体消费容易随收入增加而增加，但不容易随收入减少而减少，即随收入增加和周围人消费水准的影响，消费水准容易在收入下降后仍然得以维持。这与中国古训"由俭入奢易，由奢入俭难"高度一致。由此，在短期，当收入发生变化时，长期消费倾向会大于短期消费倾向；但在长期，消费与收入应保持稳定的比例关系（图 2.1）。因此，相对收入假设借助示范效应和棘轮效应两个视角解释了在长期储蓄与收入保持稳定的关系，这有力地诠释了"库兹涅茨之谜"[2]。

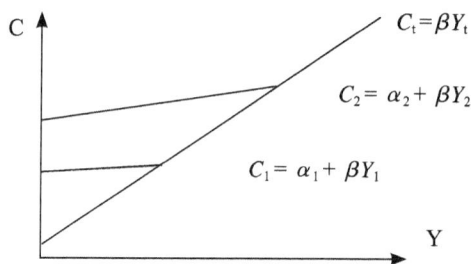

图 2.1　短期消费与长期消费曲线

凯恩斯的绝对收入理论假说只是简单地考察了当期可支配收入对消费储蓄行为的影响，而杜森贝利的相对收入假说在绝对收入假说的基础上不仅考虑了个体当期收入对消费储蓄的影响，而且还考察了过去消费习惯以及周围人的消

---

[1]　由此得名"相对收入消费假说"。

[2]　凯恩斯的消费理论实际上是绝对收入假说，该假说认为现期消费是现期收入的稳定函数，边际消费倾向在 0～1 之间，且边际消费倾向递减。边际消费倾向递减是宏观经济理论中重要的心理规律，也是凯恩斯用于解释有效需求不足的重要依据，但库兹涅茨（1946）研究 1869—1938 年美国国民收入和消费数据却发现，在整个观察期，国民收入增加了大约 7 倍，但平均消费倾向保持相对稳定，这意味着平均消费倾向与边际消费倾向相等，这就与凯恩斯的预测不同，故称为"库兹涅茨之谜"。

费水平对储蓄消费决策行为的影响，但没有考虑未来预期收入对消费的影响。20 世纪 50 年代，莫迪利亚尼和布伦伯格（1954）基于个人行为的生命周期分析，提出了当今西方主流经济学中关于消费 - 储蓄的代表性理论生命周期假说，将消费储蓄与人的生命周期结合起来，旨在分析理性人如何在其生命周期内按照一生效用最大化分配消费和储蓄的关系。他们认为，为了实现一生消费效用的最大化，个人的当期消费不仅取决于当期个人收入，还受未来预期收入、年龄和初始财富的影响，理性的消费者会预期一生的收入，按照效用最大化的原则来安排自己的消费与储蓄，使一生的消费等于储蓄，以获得终身消费效用最大化。根据该假说，个体在年轻时收入较低，但消费高，导致负储蓄，而中年时收入高、消费低，形成正储蓄，老年时收入低、消费高，形成负储蓄。因此，在个体生命周期内储蓄率与年龄呈倒 U 型关系。

2.2　关于家庭储蓄率高的原因

2.2.1　生命周期视角

尽管生命周期理论假说一经提出得到了大量国外研究支持，如 Gibson 和 Grant（2001），Attanasio 和 Weber（2010），Bussolo et al.（2017），但并没有得到许多发展中国家的支持。周绍杰等（2009）和魏下海等（2012）基于中国家庭数据分析发现，储蓄率与户主年龄同向变化，而 Chamon 和 Prasad（2010）采用相似的研究方法却发现储蓄率与户主年龄曲线呈正 U 型。汪伟、吴坤（2019）基于经典的生命周期假说，采用中国城镇住户调查数据的实证分析发现，中年户主家庭储蓄率较低的正 U 型曲线比较符合中国实际，并且户主年龄曲线在 1996 年前后由倒 U 型转变为正 U 型。范叙春、朱保华（2013）基于中国家庭收入调查的微观数据也发现中国城镇居民家庭储蓄行为和生命周期的预测并不一致。进入 21 世纪以来，按照生命周期理论预测年轻人和老年人的储蓄较低或为负，但中国年轻人的储蓄率相比较中年人要高（Rosenzweig & Zhang，2014），退休后的老年人的储蓄率也在增加。在日本，几乎 70% 的金融财富由户主年龄在 60 岁或以上的家庭持有，90% 以上的金融净值由这些家庭持有，这些数字表明日本老年人持有了最大的金融资产（Niimia & Horioka，2019）。老年人储蓄高且消费少，导致储蓄与年龄的关系呈U型，这被称为"老年人储蓄之谜"（昌忠泽，2018）。大量文献对许多国家老年人的储蓄行为进行了研究，也得到了相似结论。有的研究发现老年人财富消耗的速度小于生命周期理论预测速度（Horioka，2010；Horioka and Niimi，2017；Murata，2018），原因主要涉及预期寿命延长导致高额医疗费用支出风险（De Nardi et al.，2016）、遗赠动机（Murata，2018）、预防性储蓄动机（Ameriks et al.，2015），以及预防和遗赠两种动机共同作用（Horioka and Niimi，2017）。Attanasio 和 Weber（2010）认为生命周期预测与现实不符主要有以下两个问题：第一，生命周期理论考虑个体的储蓄行为，但在大多数微观数据调查中，储蓄数据的调查是以家庭为单位，而不是个体为单位。然而，家庭的储蓄选择不能像生命周期理论假说中那样直接与个人的年龄挂钩，而是相互脱节的。第二，调查数据的收集和分类问题，养老金通常被记录为流动收入，但年轻人和中年人并不把养老金视为储蓄的部分。Bussolo et al.（2017）在充分考虑上述两个问题的基础上，将养老金计入储蓄，重新对储蓄数据进行修正后发现俄罗斯的数据支持生命周期理论假说，并根据截止到2050年人口预测数据，随着俄罗斯人口老龄化的提高，储蓄率会不断下降。

2.2.2 预防性储蓄视角

储蓄被广泛认为是穷人进行可持续现金流管理和消费平滑的重要工具（Karlan et al.，2018），而预防性储蓄是影响家庭储蓄的重要因素（Levenko，2020）。预防性储蓄理论认为当居民面临较大的收入不确定性时，更倾向于提高储蓄以应对未来的不确定性。由于中国是一个新兴市场经济国家，正在经历大量与改革相关的结构调整或转型，由此产生了大量不确定性，因此居民更倾向于提高储蓄以应对未来的不确定性（沈坤荣、谢勇，2011；Chamon et al.，2013；张勋等，2014）。因此，预防性储蓄理论常用于解释中国城乡居民储蓄行为，但并没有得到一致性结论。He et al.（2018）将国企改革作为一次准自然实验，采用中国家庭收入调查数据（CHIP），应用DID方法检验城镇居民的预防性储蓄动机，结果发现：无论在统计上还是经济上，预防性储蓄动机都是显著存在的，国企改革导致失业风险的上升以及未来收入不确定的增长是预防性储蓄动机的重要来源，相比较政府雇员，预防性储蓄占到国企改革家庭金融财富积累增长的 40%。但 2000 年后随着国企改革的完成以及社会保障和福利制度的不断进步，生活变得更加稳定，家庭储蓄率仍然没有下降，反而是上升的（Li & Wu，2012）。汪伟、郭新强（2011）也发现，相比城镇居民，农村居民的社会保障水平更低，面临更大的不确定性，其储蓄率可能更高，但随着中国农村保险事业的快速发展，农村新型合作医疗和养老保险等得到了快速普及，农民面临的风险有所下降，但数据显示城乡居民储蓄倾向并没有显著下降。姚东旻等（2019）以地震为不确定性事件克服收入波动的内生性问题，基于 CHIP 和省级数据实证分析发现，预期收入波动会显著提高居民储蓄率，证明了预防性储蓄动机的现实作用。宋明月和臧旭恒（2016）比较分析了城乡居民的预防性储蓄行为，发现预防性储蓄动机不仅能够解释中国城镇居民的储蓄行为，而且农村居民的预防性储蓄要高于城镇居民。不仅中国居民存在明显的预防性储蓄动机，而且国外居民也存在预防性储蓄动机。Niimia 和 Horioka（2019）利用日本的数据评估了遗赠动机和预防储蓄动机在老年人储蓄行为和财富消耗上的相对重要程度，结果发现，遗赠动机和预防性储蓄动机在减缓老年人财富消耗方面都存在显著作用，但预防性储蓄动机的作用更强。Levenko（2020）基于 22 个欧洲国家 1996—2017 年的数据，探讨了劳动力收入不确定与家庭储蓄的关系，家庭储蓄率高主要是由于收入增长和劳动收入不确定变化引起的，而劳动收入不确定可以分为认知不确定性和对未来不确定性的预期，其他信贷获取、利率、通货膨胀等变化对储蓄几乎没有影响，这进一步证实了预防性储蓄的存在。由此可以进一步推断，在中国城乡"二元"结构下，农村劳动力年轻时进城务工，年老时回到农村，因此面对的未来不确定性和收入不确定性更高，这可能导致农民工家庭较农村居民家庭具有更高的预防性储蓄动机。

然而，也有研究表明中国城镇居民确实存在预防性储蓄动机，但这种动机对储蓄水平的实际影响不大。Kraay（2000）对中国城镇居民储蓄行为的研究就表明预防性储蓄理论不能很好地解释中国居民的储蓄行为，Spicer et al.（2016）对澳大利亚和 Van Oijen et al.（2015）对荷兰老年人的储蓄行为的研究也支持该观点，他们发现健康冲击并不会导致老年人的预防性储蓄动机增加。随着中国保险事业的快速发展和政府财政的大力支持，农村新型合作医疗和养老保险等得到了快速发展，农民面临的收入不确定性有所下降，但数据观察到的城镇和农村储蓄倾向并没显著下降（汪伟、郭新强，2011）。可见，预防性储蓄理论在解释中国家庭高储蓄率方面还有待更多经验证据支持。

2.2.3　信贷约束视角

金融抑制理论认为在发展中国家，低收入群体面临更多的信贷约束，因此他们需要更多的储蓄。在发达国家，大量经验研究发现金融发展水平与储蓄率存在负相关关系（King & Levine，1993；Aiyagari，1994；Loayza et al.，2000），经济学家们普遍认为金融市场不完善会影响消费的跨期最优配置，因此预防性储蓄行为常被用于解释发展中国家居民的高储蓄行为。Japelli（1990）的研究发现，除了收入和资产外，其他经济或社会因素同样能造成流动性约束。Gracia et al.（1997）基于更多信息建立了关于消费者借贷能力的概率函数，并利用1980—1987年相关数据进行回归分析发现，流动性约束是影响个人消费和储蓄行为的重要因素；Altug & Firat（2018）基于世代交替模型分析发现，信贷约束的放松对土耳其2002年后储蓄率的下降具有重要解释力；Grigoli et al.（2018）基于165个国家1981—2012年的大样本数据实证分析发现，金融市场化改革引起信贷约束缓解有助于降低家庭储蓄率。甘犁等（2018）利用CHFS、CFPS和CHIP三个相互独立微观家庭数据实证分析发现，流动约束会显著提高家庭储蓄率。然而，也有学者发现金融发展与家庭储蓄率之间并不存在显著关系（Park & Shin，2009）或者单一线性关系。Horioka和Terada-Hagiwara（2012）基于12个亚洲国家1996—2007年的样本数据，实证分析发现储蓄率与金融发展水平之间并非一种简单的单调关系，这一结论进一步得到了徐丽芳等（2017）的研究支持，她们基于世界银行1973—2005年的跨国面板数据，利用动态面板回归发现储蓄率与金融发展之间存在显著的倒"U"型关系，但同时也发现中国的实际情况并不完全符合金融发展水平与储蓄率之间的倒"U"型关系。改革开放以来，中国一直致力于深化金融市场化改革，金融市场不断完善，金融发展水平不断提高，但与此同时中国家庭储蓄率却不降反升（徐丽芳等，2017）。可见，信贷约束理论也难以解释中国特殊国情下的家庭储蓄行为。

此外，自20世纪90年代以来，随着中国房地产市场的改革，房价逐年增长，购买房产已成为居民财富保值增值的重要投资方式，由此也吸引了学术界关注房价上涨与家庭储蓄率的关系，但房价上涨导致中国高储蓄率的原因尚未得到一致认可。有学者发现房价上涨与居民家庭储蓄率正相关（杨汝岱等，2011；李雪松、黄彦彦，2015；李江一，2017；钟宁桦等，2018），但也有学者发现房价对储蓄率的影响为负（Chen et al.，2007），还有学者发现房价对储蓄率的影响不显著（Wang & Wen，2011；赵西亮等，2013）。中国是典型的城乡"二元"结构，虽然近年来政府大力推动农民工市民化，但 2018 年农民工总量高达 2.88 亿人，他们或积极努力融入城市，或在城乡间徘徊。因此，对于举家迁徙的家庭，高房价或许是影响其家庭消费储蓄行为的重要因素，但对于部分转移的劳动力家庭，城市高房价对家庭消费储蓄行为的影响可能没有想象中的大。可见，房价因素对劳动力转移家庭消费储蓄行为的影响可能需要考虑劳动力转移的异质性问题。

2.3　关于家庭储蓄率不断上升的原因

根据经典的生命周期理论预测，个体年龄与储蓄率的关系应该呈倒"U"型关系，随着中国人口老龄化程度的不断加深，家庭储蓄率不降反升。学术界主要从计划生育政策导致人口结构变化和老龄化、预防性储蓄和遗赠动机、竞争性储蓄、隔代同堂和高房价、教育支出增长、预期寿命延长和延迟退休政策以及收入不平等等方面或视角进行对中国居民家庭储蓄率不断上升的原因进行解释，下面将从上述几个方面进行文献综述。

2.3.1　人口结构变化

Banerjee et al.（2012）和 Choukhmane et al.（2013）的研究发现，中国家庭老年人对年轻人的支持和计划生育政策导致出生率下降是储蓄率不断上升的原因；Belke et al.（2014）认为老年人高医疗支出风险和遗赠动机是导致其储蓄率支出的两个主要原因；Imrohoroglu 和 Zhao（2017）认为老龄化和独生子女使家庭养老功能弱化、长期护理风险上升是导致中国家庭储蓄率上升的重要原因。Curtis et al.（2015）也认为计划生育政策导致中国人口结构变化可以对中国家庭储蓄上升的大部分做出解释。Ge et al.（2018）进一步分析了人口结构对家庭储蓄率的异质性影响，结果发现成年子女更少的老年家庭储蓄更多，抚养子女更少的中年家庭储蓄更多，兄弟姐妹较少的年轻家庭储蓄更多；Lugauer et al.（2019）的研究也表明孩子抚养人数更少的家庭的储蓄率更高。Curtis et al.（2017）运用生命周期模型定量化比较研究了中国、日本和印度人口结构变化对国民储蓄率的影响，模拟分析发现越来越多的退休人员抑制了日本国民储蓄率的增加，而家庭人口规模小型化提高了中国和印度的国民储蓄率。王树、吕昭河（2018，2019）基于人口年龄结构的数据的实证分析发现少儿抚养比与储蓄率显著负相关，但老年抚养比与储蓄率显著正相关，并且通过门槛回归分析发现，随着收入的提高，少儿抚养比对储蓄率的负向影响不断弱化，而老年抚养比对储蓄率的正向影响不断增强。根据上述文献，我们可以进一步推测，中国老年化程度的加深以及计划生育政策的实施可能是导致中国居民储蓄率不断上升的重要原因。但 Wei 和 Zhang（2011）认为缓慢的人口结构变化不适用于解释中国家庭储蓄率的快速上升，他们用竞争性储蓄假说解释中国家庭储蓄率的上升，并通过家庭层面的微观数据实证分析发现竞争性储蓄能解释1990—2007 年中国家庭储蓄率实证增长的 50%。但该假说只适合解释部分年龄组家庭的储蓄行为，而无法解释各年龄组家庭储蓄率均上升的事实（Chamon & Prasad，2010），因此可能还存在影响所有年龄组的农村居民家庭储蓄行为的基础性因素。Rosenzweig 和 Zhang（2014）认为隔代同堂和高房价可能掩盖了个体的真实生命周期[1]，因为高房价与隔代居住在一起存在显著的正相关关系（Li & Wu，2019）；然而，也有研究发现房价上涨并不能解释中国城镇居民家庭储蓄上升，相反，各产权类型的居民储蓄类型与中国城镇居民储蓄率负相关（赵西亮等，2013）。汪伟、吴坤（2019）采用中国城镇住户调查数据实证分析发现，1990 年中期开始的家庭教育负担的上升可能是导致这一转变的原因。Chao et al.（2011）的研究发现，如果考虑年轻人的购房动机和来自父母的经济支持，则生命周期理论可以解释 20 世纪 90 年代中期以来中国家庭的高储蓄以及不断上升的储蓄水平，但如果不考虑这些结构性变化，生命周期假说只能解释中国家庭储蓄率大幅上升的 35%。

---

① 由于个体储蓄数据多来自于家庭层面的加总数据。

2.3.2　收入分配不平等

改革开放以来，高投资、高储蓄的经济增长模式使得中国经济取得了快速发展，但"储蓄过剩"（savings glut）也常被指责为是导致贸易摩擦、经济不平衡甚至全球金融危机的罪魁祸首（Greenspan，2009；Yang，2012），自次贷危机以来，国内外大量研究尝试对中国高储蓄之谜做出回答，但从现有文献看都或多或少忽视了收入分配对储蓄的影响。现有研究发现，无论是基于宏观上的国民储蓄率还是微观上的家庭储蓄率的上升都与收入分配和不平等紧密相关。

改革开放以来，以市场为导向的改革使中国经济发展取得了举世瞩目的成就，但与此同时收入差距逐年扩大，收入分配不平等被认为是导致中国居民高储蓄的重要原因，但实证结论并未统一。在宏观上，Gu et al.（2018）基于历年中国统计年鉴数据，实证分析发现收入不平等是导致中国国民储蓄率不断上升的推动者，Chang et al.（2019）基于部门收入分配视角，实证发现国民收入分配向非居民家庭部门倾斜是导致中国国民储蓄率高的重要因素。在微观上，改革开放以来，中国开始实施"让一部分人先富起来"政策，收入差距不断扩大。随着收入不平等程度的恶化，收入分配与家庭储蓄的关系受到了学术界的广泛关注。Gruber（2018）利用中国家庭调查数据，探讨了相对收入和财富与家庭储蓄行为的关系，模型模拟分析发现家庭储蓄率取决于相对收入，而不是绝对收入，尤其是高于当地平均收入的家庭储蓄了他们的大部分收入。Chamon et al.（2013）基于中国城镇居民的面板数据发现，20 世纪 90 年代中期以来家庭储蓄率的上升与收入不平等相关，而收入不平等主要来源于家庭收入差距的扩大，通过缓冲库储蓄模型（buffer-stock saving model）模拟发现收入不确定性和养老金改革显著地提高了年轻人和老年人家庭的储蓄率，两者合计能够解释中国城镇居民家庭储蓄率增长的 2/3。甘犁等（2018）基于中国家庭金融调查（CHFS）、中国家庭追踪调查（CFPS）和中国家庭收入调查（CHIP）三个相互独立的微观数据库，实证分析发现收入差距扩大会显著提高家庭总储蓄。Sirisankanan（2015）基于泰国居民储蓄数据，实证分析发现储蓄与收入差距呈显著的正相关关系，几乎没有证据表明居民会通过借贷和增加劳动供给获取收入来平滑消费，而主要是通过储蓄来平滑消费。收入不平等不仅在微观上促进了中国家庭储蓄率的上升，而且在宏观上也得到了经验数据支持。Chu et al.（2017）通过将中国家庭微观数据汇总成为地区数据，实证分析发现收入不平等程度的恶化是推动中国国民储蓄率不断上升的动力，该结论也进一步得到 Gu et al.（2020）的研究支持；但也有部分文献研究发现收入不平等与储蓄存在负相关关系或不确定性关系（Edwards，1996）。

2.3.3　预期寿命延长与延期退休

生活条件的改善、健康生活方式的进步以及医疗护理系统的完善使得死亡率大幅下降，导致全世界预期寿命延长（Kolasa & Rubadzek，2016），随着出生率的持续降低，各国为了保障劳动供给，纷纷求助于"延迟退休"政策。预期寿命延长和延迟退休政策不仅会对劳动力市场，未来 GDP 增长、退休或养老金改革，而且还会影响到一国的总储蓄率等（Pascual-Saez et al.，2019）。近年来，大量文献开始探讨预期寿命延长、延迟退休政策与储蓄的关系。Bloom et al.（2003）基于家庭微观数据发现，如果中年群体面对预期寿命的延长，通过增加储蓄以应对风险，那预期寿命延长会显著提高其家庭储蓄率。预期寿命延长意味着未来面临的健康护理支出的不确定增加，预防性储蓄动机上升，因此预期寿命延长对国民储蓄率有正向作用（De Nardi et al.，2009；Sheshinski，2009），但前提是退休年龄保持不变，如果因为预期寿命延长，进而实施延迟退休，那预期寿命延长反而会减少私人储蓄（Kaier & Muller，2015）。

在国内，张志远、张铭洪（2016）基于省级面板数据的实证分析发现预期寿命每延长 1 年，居民储蓄率大约增加 0.4 个百分点，该观点进一步得到王树、吕昭河（2018）的证实，他们通过引入双向代际因子的四期戴蒙德模型进行动态演化分析，发现中国预期寿命延长会显著提高居民的储蓄率。但也有研究基于省级面板数据的分析发现预期寿命延长会降低居民储蓄率（蔡兴，2015）。中国是一个典型的城乡二元结构，城市和农村居民面临着诸多社会经济差异，表现在教育、医疗、养老、社会保障等方方面面的差异，这些差异构成了对城乡居民经济行为的不同约束，尤其是储蓄或消费方面，因此分城乡探讨居民的经济行为是有必要的。储蓄率数据在宏观加总和微观家庭层面上存在差异（Chamon et al.，2010），这种差异会导致某些研究结论在宏观层面上成立而在微观层面上不成立（章元、王驹飞，2019）。章元、王驹飞（2019）进一步在城乡二元结构下探讨了预期寿命的延长对城乡居民储蓄的异质性影响，结果发现预期寿命延长提高了城镇居民的储蓄率，但减少了农村居民的储蓄率。之所以会出现两种不同的结论，可能是没有严格区分工作期预期寿命与老年期预期寿命延长对储蓄率的不同影响。金刚等（2015）基于生命周期理论进一步探讨了工作期和老年期预期寿命对储蓄率的异质性影响，结果发现工作期预期寿命对国民储蓄率的影响为负，老年期预期寿命对国民储蓄率的影响为正，但老年期预期寿命对国民储蓄的影响要显著大于工作期预期寿命延长的影响。因此，随着中国老龄化的加速，预期延长寿命对中国国民储蓄率作用会逐渐增强，但延迟退休政策可以在一定程度上抵消预期寿命延长对居民储蓄率的影响。即使这种延迟退休仅是宣告但并未实施也可能对城镇居民家庭储蓄行为产生影响，刘璨等（2019）探讨了宣告延迟退休政策对城镇居民家庭储蓄率的影响，研究表明该政策会影响到可预期收入，进而影响家庭储蓄率，宣告延长工作时间一年，储蓄率降低 0.20%；然而，也有研究发现无论哪种延迟退休都改变不了储蓄率下降的趋势（杨华磊等，2017）。

2.3.4　收入结构变化

随着中国城镇化的快速推进以及非农经济的发展，农村居民家庭收入来源结构较改革开放之前已经发生明显的结构性变化。无论是传统经济学还是近些年来不断发展的行为经济学，都对收入结构变化与储蓄行为变化的关系给予了极大关注，不同的是传统经济理论，如生命周期理论假说、预防性储蓄以及流动性约束理论，抑或是竞争储蓄假说等，它们都是基于消费者理性经济人的假设；而行为经济作为经济学研究中的一个重要分支，它将传统经济学忽视的心理因素纳入消费者的行为分析中，对传统经济学无法解释的经济行为做出了重要补充和贡献。接下来分别基于传统经济学和行为经济学两方面综述农村居民收入结构变化对家庭储蓄行为的影响。

根据传统经济学假设，理性人会根据收入结构发生变化调整储蓄、消费和投资等行为以使效用最大化。改革开放以来，中国居民收入结构已发生巨大变化，尤其是农村居民，随着城镇化和工业的发展，农村居民非农收入（工资性）

大幅增加，工资性收入占比已渐渐成为农村居民收入的主要来源之一，收入结构的变化会对农村居民的金融行为产生影响，非农化收入占比会显著提高居民金融行为的合理性（韩卫兵等，2016）。从现有文献看，主要集中于探讨收入结构变化对消费支出的影响（于洪彦等，2009；徐涛，2009；李锐等，2004）。张慧芳、朱雅玲（2017）基于AIDS扩展模型实证研究了居民收入结构与消费结构关系的差异演化，发现收入结构变化对城乡居民消费结构的影响存在显著差异，并不完全遵循边际消费倾向递减规律。巩师恩（2014）基于结构视角研究了收入波动对消费波动的影响，发现具有稳定性质的经营性收入的波动是影响各类消费波动的最主要原因；李敬强等（2009）基于省级面板数据分析了收入来源对农民总消费的影响。尽管现有文献已经认识到收入结构变化对城乡居民消费行为的影响及其差异，但对于收入结构变化影响消费的机制缺乏深入分析（周建等，2013）。这或许是传统经济学缺乏分析该类问题的有效工具，这为行为经济学引入心理因素分析该问题提供了发展空间。

在行为经济学看来，个体的储蓄与消费行为的本质是一种文化现象。传统视角下的居民储蓄研究以理性人为基础假设，研究居民在信息完全、认知无偏情况下的消费决策，消费者在风险决策中根据最优化原则制定消费决策，遵循预期效用理论。但消费者并非绝对理性的，在信息接收、信息处理、信息输出、信息反馈等过程中很可能存在认知偏差，导致非理性行为或群体行为。行为经济学的兴起，为这些非理性行为提供了合理的解释。行为经济学基于心理账户理论和前景理论，将居民心理因素对储蓄行为的影响纳入分析框架，为家庭储蓄行为的研究提出了全新的视角。（1）心理账户是指人们在心理上对结果（尤其是经济结果）的分类记账、编码、估价和预算等过程，即人们总是根据资金的来源、资金的数量及资金的用途等因素对资金进行归类，该理论的核心内容之一是财富具有不可替代性，即财富的来源、使用及数量会对财富的边际效用产生影响。从现有文献看，心理账户主要应用于消费领域，多集中于探讨不同来源收入在消费上是否可替代，其边际消费倾向是否一致。心理账户对消费决策行为的影响机制主要有两个方面：一方面心理账户会导致心理约束（Heath，1995；Thaler，1999）进而实现自我控制（Thaler & Shefrin，1981；Krishnamurthy & Prokopec，2010）；另一方面由于心理账户设定的灵活性及主观性（Cheema & Soman，2006）会导致不同心理感受，影响理性消费储蓄决策。方福前和张艳丽（2011）采用 GMM 估计，发现城乡居民不同收入来源的边际消费倾向存在着显著差异，城镇居民的工资性收入和经营性收入的边际消费倾向强于转移性收入和财产性收入的边际消费倾向，恰好与农村居民的情况相反。侯石安和赵和楠（2012）以及彭小辉等（2013）等使用面板固定效应模型也验证了不同来源收入的边际消费倾向不同的结论。陈慧（2015）对传统金融中财富可替代性假设提出挑战，检验了心理账户理论，发现不同来源的收入会对居民边际储蓄倾向产生影响，无论是城镇样本，还是农村样本，转移性收入对居民储蓄的影响都不显著，其余三种收入的边际储蓄倾向从大到小排序依次为财产性收入、工资性收入、经营性收入，且农村居民表现出更高的储蓄倾向。李敬强和徐会奇（2009）利用全国 31 个省、直辖市 1997—2006 年的面板数据，认为在农村居民收入来源发生改变时，工资性收入取代家庭经营性收入成为拉动农村居民消费的主要动力，财产性收入对消费的影响不显著，转移性收入则具有乘数效应；周建等（2013）和孙豪、毛中根（2018）将心理因素引入消费领域，探讨了不同收入对不同商品消费的影响及作用机制。（2）前景理论作为行为金融学中应用最广泛的理论之一，试图在心理学实验结果的基础上，以决策主体面对收益与损失的风险态度差异作为理论基础，更好地刻画符合现实的决策主体在风险决策下的行为。前景理论认为决策主体的效用并不取决于财富的期望值，而是取决于以参照点为依据的财富水平变化，因此当收入状况发生变化时，居民的储蓄决策也可能随之变化。孔东民（2005）采用中国 1980—2003 年的年度数据，以城镇居民为样本，对前景理论进行验证，发现中国城镇居民消费存在损失厌恶现象。陈慧（2015）将前景理论引入中国居民储蓄行为分析之中，通过省际面板数据和微观数据对前景理论中损失厌恶现象进行检验，并试图从收入波动角度解释中国的高储蓄现象，实证结果发现，在中国，无论是宏观层面还是微观层面，均存在一定程度的损失厌恶现象，支持前景理论；当居民面对收入减少时，心理冲击更加明显，进而引起明显的消费变动。这种损失厌恶心理的存在，可能导致中国居民在面对剧烈的收入波动和不确定性时，更多地减少消费，进而导致储蓄率增加。

2.4 "二元"结构与家庭储蓄行为

经济学对城乡劳动力转移以及二元经济结构的研究最早可以追溯到古典经济学家威廉·配第、亚当·斯密、李嘉图等,二战后,随着发展经济学的兴起,发展中国家的劳动力转移成为主流经济学关注的热点问题,其中以刘易斯、费景汉、拉尼斯、乔根森等具有代表性,他们从不同角度探讨了发展中国家劳动力转移的机理、动机以及原因。在诸多关于发展中国家城乡劳动力转移理论中,尤以刘易斯的"二元"结构理论最为著名,他开创了劳动力转移研究的"结构主义"分析方法的先河(程名望,2007)。在李嘉图城乡关系模型的基础上,刘易斯(1954)在《劳动无限供给条件下的经济发展》中构建了一个新的两部门模型作为当今发展中国家的经济发展理论,一个经济体分为以工业为主的现代部门和以农业为主的传统部门,传统部门中劳动的边际生产率低,甚至为零,存在无限的劳动供给,而现代部门中的劳动边际生产率较高。在经济发展过程中,现代部门不断吸引传统农业部门的剩余劳动力,直到"二元"经济转化"一元"经济。刘易斯的"二元"经济发展理论将发展中劳动力从传统农业部门转移到现代部门的转移过程与经济增长过程有机结合一起,对像中国的一样的发展中国家的经济增长及转型产生了重大影响。之后,经过费景汉、拉尼斯以及乔根森等人的发展,"二元"结构理论得到了完善。

从现有文献看,大量文献探讨城镇居民家庭储蓄和总储蓄率问题,尽管城乡存在显著差异,但现有文献很少关注推动城乡居民储蓄率不断上升的不同力量以及背后的原因(Pan,2016)。城乡居民储蓄行为存在显著差异,主要有四个方面的原因:第一,城乡居民面向不同的政策和制约,如城镇居民拥有较完善的医疗、养老、失业保险等,而农村居民并没有包括在这些社会保障和福利系统中。第二,随着户籍制度的放松,政府允许农村居民暂时进入城市工作,为其提供了新的创收渠道,农村收入结构发生明显变化。第三,城乡居民之间存在巨大的收入差距,以及收入与边际储蓄倾向之间的非线性关系,可能导致城乡居民储蓄行为差异(Mian et al.,2013)。最后,城乡居民对于政策改革的反应是不同的,如不同收入阶层对于20世纪90年代中期以来高等教育收费制度改革等的反应是不同的。所有这些因素都可能导致农村和城市居民家庭在储蓄激励和行为上的差异，进而导致推动城乡居民家庭储蓄率的因素存在显著差异（Pan，2016）。中国是一个典型的城乡"二元"经济结构，驱动城市和农村家庭储蓄率上升的因素是不同的，农村居民家庭储蓄率较低时增加最多，但城市居民家庭储蓄率在较高时经历了更大的变化，经过对储蓄分布的分解，大多数农村储蓄率的提高是由于收入的增加，而城市储蓄率的增长只有一小部分可以用家庭特征的变化来解释（包括收入等）（Pan，2016）。王树等（2018）也发现居民的储蓄动机存在显著的城乡差别，他们基于二元结构采用SYS-GMM分析了城乡居民的异质性储蓄行为，发现经济较发达地区的居民更倾向于预防性养育和养老储蓄，而欠发达地区的少儿和老人养老会消耗更多的居民储蓄，并发现中国高储蓄率源于城镇人口的预防性储蓄，而农村的抚养负担加重将减少居民的储蓄率。

改革开放以来，农业剩余劳动能力不断转移，为中国经济增长提供了持续的"人口红利"（佟家栋，周燕，2011），但"二元"经济结构下的现实问题也进一步显现（蔡雪雄、邵晓，2008）。由于"二元"户籍分治等体制性因素的长期存在，中国城乡"二元"经济结构有其特殊性，其中农业剩余劳动力向城镇转移中存在大量"人户分离"和"留守家庭"并存的现象。尽管进入 21 世纪以来，政府加大了户籍制度改革力度，但城乡"二元"户籍制度仍是当下最具浓厚计划色彩的领域，由于"二元"户籍制度造成了大量"人户分离"现象，以及城镇化和工业化进程不匹配，剩余劳动力不能有效融入现代部门，而在城乡之间"游移"（周燕、佟家栋，2012）。劳动力的暂时性迁徙不仅影响到农民工市民化，而且影响到内需扩大，也给暂时性迁徙的农村劳动力带来更多不确定，对家庭消费储蓄行为产生深远影响。近年来，随着中国加速推进城镇化进程，农村劳动力转移加速，学术界开始关注"二元"经济结构下劳动力转移与储蓄（消费）的关系。在刘易斯（1954）的"二元"经济模型中，相对于农业部门，随着非农部门的发展壮大，其社会总体储蓄率会随之上升。基于"二元"经济结构，樊纲、吕焱（2013）构建了一个"二元"经济理论模型，从理论上揭示了发展中国家农村劳动力转移引起储蓄率上涨的机制，并认为农村剩余劳动力转移到城镇就业是中国储蓄率上升的原因。但遗憾的是这些文献仅限于分析劳动力转移与储蓄率的关系，并没有区分劳动力转移异质性对储蓄率的影响，且缺乏严谨的长序列、大样本的微观数据的检验。由于户籍等制度的限制，农村劳动力向城镇转移过程中出现了一个特殊的群体——农民工，他们的户籍在农村，工作却在城市，基于上述事实，张勋等（2014）比较了城镇居民、农民工和农村居民的储蓄率，发现农民工的储蓄率最高，农村劳动力转移是推动中国国民储蓄率持续上涨的重要原因。冯明（2017）基于"搜寻匹配模型"和"纳什讨价还价模型"也发现农村剩余劳动力转移对储蓄率存在正向影响。这些文献从理论上很好地解释了农村剩余劳动力转移对储蓄率的正向影响，但遗憾的是这些文献仅限于分析劳动力转移与储蓄率的关系，并未关注劳动力转移对家庭储蓄的异质性影响，也没有对农村劳动力转移家庭与农村居民的储蓄动机差异给予足够的关注，且缺乏严谨的长序列、大样本的微观数据检验，以致实证分析结论缺乏一致性。刘生龙等（2016）基于省级数据的实证分析发现新生代农民工对储蓄率的影响为负，谢勇、沈坤荣（2011）利用CGSS2006数据的实证分析也发现农村劳动力转移就业会显著降低农村居民储蓄率，这与樊纲和吕焱（2013）、张勋等（2014）、冯明（2017）的理论模型预期结果相反。可见，农村劳动力转移或农民工对中国农村家庭储蓄行为的影响还有待于更多理论与实证分析。

2.5 文献评述

中国作为世界上经济最具有活力和发展最快的经济体，自改革开放以来正在经历巨大的结构转型，因此很难找到一种精确的方式来解释中国储蓄的决定因素，这也正是许多关于相互竞争的解释之间存在争议的原因（Gu & Tam，2013），影响中国农村家庭储蓄率高以及不断上升的因素多样且复杂，现有文献虽然从不同视角和层面给出了许多合理解释，但仍存在以下不足：第一，对中国家庭储蓄率的研究多以城镇居民或国民总储蓄为研究对象，而中国是一个农业人口占比较大的发展中国家，随着中国城镇化的加速推进，在城乡二元结构下导致大量农村劳动力游离于城乡之间，这部分群体及其背后的家庭储蓄行为与农村和城镇居民有别，忽视劳动力转移对农村家庭储蓄行为的影响，无助于揭开中国农村家庭高储蓄率以及不断上升的储蓄率之谜。第二，现有部分文献虽然考虑了城乡"二元"结构下劳动力转移对储蓄率的影响，但忽视了劳动力转移的异质性问题，同时也忽视了农户是一个集生产、消费和劳动供给（劳动力转移）于一体的特殊的经济组织，劳动力转移是理性农户在比较效益原则下做出的合理选择，其背后的消费储蓄行为也是基于家庭效用最大化的考量。本研究基于新家庭经济学理论，从家庭消费效用最大化视角出发，构建劳动力转移与家庭消费储蓄行为决策的理论模型，探讨劳动力转移及异质性对家庭储蓄行为的影响。第三，现有文献多集中于从理论或机制上探讨劳动力转移（农民工）对储蓄率的影响（李扬、殷剑锋，2007；樊纲、吕焱，2013；张勋等，2014），或者使用宏观数据进行数值模拟（冯明，2017）和实证分析（王建英等，2018），但宏观数据容易掩盖微观机制和因果关系，现有严谨的微观实证分析文献还不多，即使少数文献使用微观数据，如谢勇、沈坤荣（2011）、杨天宇、荣雨菲（2015）、赵西亮等（2013）和甘犁等（2018），但由于研究视角、模型设定差异，实证结论并未统一，也无法对 21 世纪以来农村家庭储蓄率持续上升过程做出合理解释。本研究拟在时间维度和样本上进行扩充（1986—2017），基于目前已有最完整的全国农村固定观察点农户跟踪调查数据和实地调查，探讨农村劳动力转移对家庭储蓄的异质性影响，识别长期影响农村家庭高储蓄的基础性因素，找到 21 世纪以来农村家庭储蓄率持续攀升的原因，以期为完善促进消费体制机制、扩大内需提供政策建议。

第3章 农村家庭储蓄行为变迁

众所周知，农业不仅是一个对自然资源和环境依赖较强的产业，而且是一个季节性较强的产业。在从事生产的过程中，农户家庭不仅要面临较高的自然风险，而且也面临较高的市场风险。在风云莫测的自然和市场双重风险下，尤其是中国农业保险市场的广度和深度还不高，农户主要依靠自身储蓄和民间借贷来应对各种风险。由于在中国农村农户面临严重的信贷约束（朱喜，2015），由此，依靠自身储蓄应对风险就成为农民的首选项，这也是中国农村居民高储蓄率的重要原因之一。随着中国农村经济发展和社会保障事业的进步，以及农村金融的发展，农户家庭储蓄行为也在发生变化。近年来，尤其是中美贸易摩擦以来，在外部环境不确定和不稳定增加的情况下，政府一直致力于完善促进消费体制机制以降低家庭储蓄、刺激消费、扩大内需，但中国农村居民家庭储蓄率不降反升。为了对中国农村居民家庭储蓄行为变迁过程有一个清晰的把握，本章基于1986-2017年山西十村千户跟踪调查数据，对农村居民家庭储蓄行为进行实证分析，以更好地洞察农村居民家庭储蓄行为的变化过程和演变机制，识别影响农村居民家庭储蓄以及不断上升的因素，为深化农村金融改革、扩大内需献言献策。

3.1 农村家庭储蓄水平及变化

从图3.1中可以看出，自1986年跟踪观察以来，总体上山西十村千户观察样本的人均储蓄水平呈上升趋势，并且与人均纯收入水平的变动趋势保持一致（图3.1）。从增长幅度看，在整个观察期，人均纯收入水平增长了5.33倍，而储蓄水平增长了 11.08 倍，储蓄增幅是收入增幅的两倍多，这符合凯恩斯绝对消费储蓄理论假说预测，即储蓄随收入增长，但储蓄增速快于收入增速。从时间变化趋势看，在整个"七五"时期（1986–1990），农家人均储蓄水平为 110.99元，到"八五"时期上升至 152.61 元，增长了 37.50%；到"九五"时期，储蓄水平大幅增加到 497.15 元，较"八五"时期增长了 2.26 倍；到"十五"时期，在系列新农政策的支持下，农户收入增长驶入快车道，伴随着收入的快速增长，人均储蓄水平连续突破 500 元和 1000 元大关，达到了 1154.04 元，较"九五"时期增加了 1.32 倍；到"十一五"时期，受次贷危机的影响，农户收入下降明显，人均储蓄水平随之大幅下滑，降至 749.92 元，降幅高达 35.02%；到"十二五"时期，人均储蓄水平再次跃升至 1000 元大关，达到 1054.52 元，但仍低于"十五"时期的最高水平；进入"十三五"时期的头两年，人均储蓄水平微增至 1085.50 元，虽有增长，但增速明显放缓。结合农户人均纯收入增长变化过程，进入新世纪后到次贷危机前，农村居民家庭人均储蓄与纯收入保持快速增长，而次贷危机后，人均储蓄和纯收入增速明显放缓。人均储蓄与纯收入保持高度一致的变化趋势，可见可支配收入是决定储蓄的主要因素。

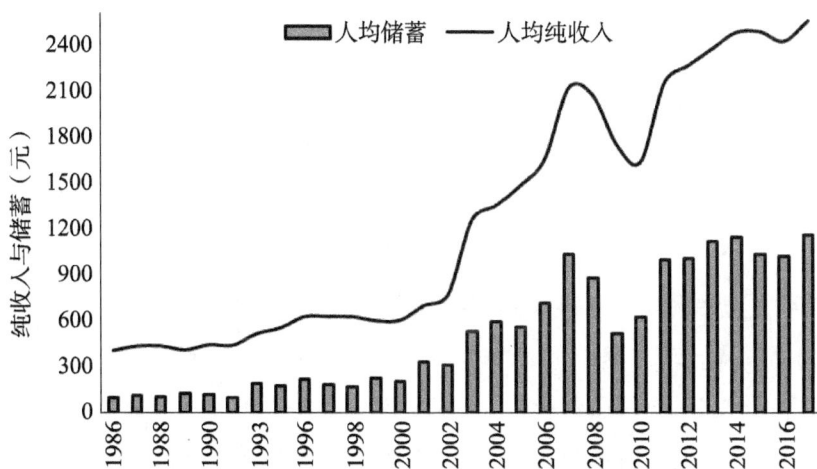

图 3.1　山西农村家庭人均纯收入与储蓄水平及变化①

---

①　涉及价值数据均通过山西农村居民消费价格指数进行去通胀处理。

3.2 农村家庭边际储蓄倾向和储蓄率及变化

按照凯恩斯消费理论，居民可支配收入由消费和储蓄组成。在短期，居民储蓄由可支配收入决定，由此得到储蓄函数为：$S = \alpha + \beta Y$，$\alpha > 0$，$0 < \beta < 1$，其中 S 为当期储蓄，Y 为现期收入。按照国家统计局关于收入的定义，对于城镇居民而言是指人均可支配收入，而对于农村居民而言是指人均纯收入（杨耀武、杨澄宇，2015），这里的为通过去通胀处理后的农村居民家庭人均纯收入；α 为常数（自发性储蓄），β 为边际储蓄倾向（MPS）。该储蓄函数表明当期储蓄水平和当期可支配收入之间的数量关系，随着居民可支配收入的提高，储蓄水平也随之上升，但由于 MPS 小于1，储蓄水平上升的幅度小于收入上升的幅度。平均储蓄倾向（APS）是指 S/Y 的比值，当收入很低时可以为负，随着收入水平的提高，数值逐渐转正，但总小于1。当纯收入为0时无法计算储蓄率，借鉴万广华等（2003）的处理方法，将纯收入为0的样本用1元代替。考虑到收入很小但消费很大时，可能得到较大的负数，计算时我们限定最高为 −10。接下来我们利用 1986–2017 的农村家庭的样本数据分析 MPS 和储蓄率的变化过程，其中 MPS 将由如下计量模型估计得出：

$$S_{ijt} = \alpha_0 + \beta_1 Y_{ijt} + T_t + \lambda_j + \varepsilon_{ijt} \tag{3.1}$$

总体看，山西农村家庭的 MPS 为 0.545。从时间变化趋势看（图 3.2），在整个观察期间 MPS 呈波动式下降走势，由 1986 年的 0.619 降至 2017 年的 0.556。与此同时，与 MPS 相比，储蓄率却呈波动式上升走势，由 1986 年的 0.071 上升至 2007 年的 0.371，增加了 4.23 倍，之后受次贷危机的影响回落到 0.250（2010 年），随后逐渐回升到 2014 年以来的最大值 0.410，之后再次回落到 2017 年的 0.311。从波动过程看，无论是 MPS，还是储蓄率，农村家庭的储蓄行为都受到宏观经济形势的深刻影响，当宏观经济增速出现明显回落时，农村家庭 MPS 和储蓄率也会出现明显回落，20 世纪 90 年代初西方经济制裁、1997 年的东南亚金融危机和 2008 年前后的次贷危机导致了 MPS 和储蓄率明显回落，次贷危机甚至创出观察期以来的新低。此外，值得我们关注的是农村家庭储蓄率随时间而增长，也意味着其平均消费倾向随时间下降，尤其是进入新世纪之后，这值得我们思考扩大内需的消费政策的作用效果，随着中美贸易摩擦的升级以及持续时间的不确定，更要充分发挥消费对经济增长的压舱石作用。

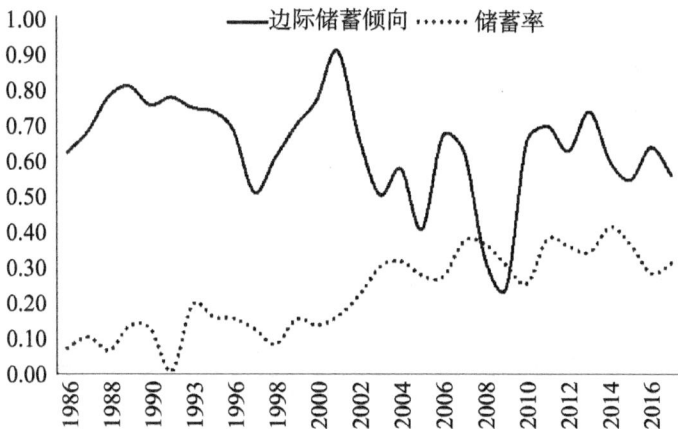

图 3.2　农户家庭边际储蓄倾向和储蓄率

3.3　不同收入水平下的农村家庭储蓄行为变化

从现有文献看，收入差距扩大或收入不平等程度恶化是导致中国家庭储蓄率不断上升的原因。因此，我们基于微观数据将收入分为三等分，考察不同收入水平下农村居民的储蓄变化。从收入三等分看（图 3.3），不同收入水平的农村家庭储蓄水平差距非常大，高收入户人均储蓄水平是低收入的 31 倍还多，是中等收入户的 3 倍。从时间变化趋势看，各收入水平农户的储蓄水平基本上随时间呈增长趋势，但受次贷危机影响，人均储蓄水平出现明显回落，之后恢复增长态势。就人均储蓄水平增速而言，高收入户储蓄水平由 1986 年的 280.29元/人上升至 2017 年的 2471.50 元/人，整个 32 年间增长了 7.82 倍，年均增速为 7.53%；中等收入户从 1986 年的 39.79 元/人上升到 2017 年的 796.89 元/人，增长了 19.03 倍，年均增速 10.51%；低收入户在新世纪之前储蓄水平基本上为负，但进入新世纪后，尤其是新农政策实施以来，储蓄水平开始由负转正，从2003 年的人均储蓄 8.44 元/人上升至 2017 年的 192.63 元/人，增长了 21.82 倍，年均增速 27.20%。可见，由于低收入户基数小，在增速上反而占优，但从绝对数上高收入户与中低收入户的储蓄水平的差距越来越大。近年来，中低收入户的储蓄水平出现了明显的徘徊，而高收入户继续保持增长态势，因此中国农村居民高储蓄率与收入差距扩大相关，这与甘犁等（2018）得到收入不平等引起中国家庭储蓄率上升的结论一致。

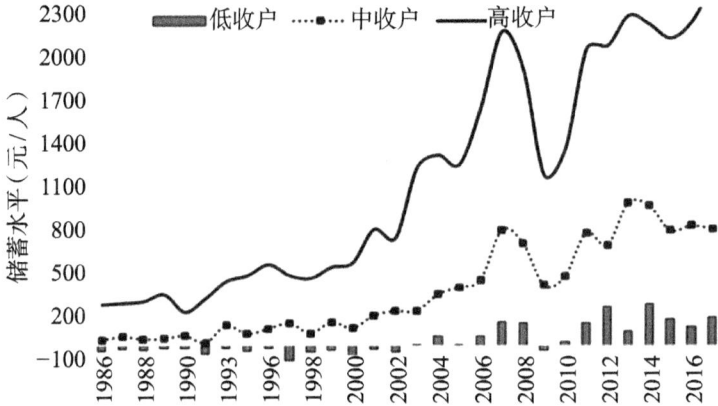

图 3.3　不同收入水平的农户家庭储蓄水平变化

按照收入三等分分为高、中、低三类农户，考察不同收入水平下的农户储蓄倾向变化过程。从总体上看，高收入户的 MPS 为 0.539，中等收入户为 0.497，低收入户为 0.486。可见，高收入户的 MPS 要显著高于中低收入户。从时间变化趋势看，低收入户的 MPS 随时间呈波动上升趋势，由观察初期 1986 年的 0.330 上升至 2017 年的 0.722；然而，与此相反，高收入户的 MPS 随时间呈下降走势，由 1986 年的 0.656 下降至 2017 年的 0.519；中等收入户的 MPS 在波动中保持相对稳定，围绕 0.5 上下波动（图 3.4）。

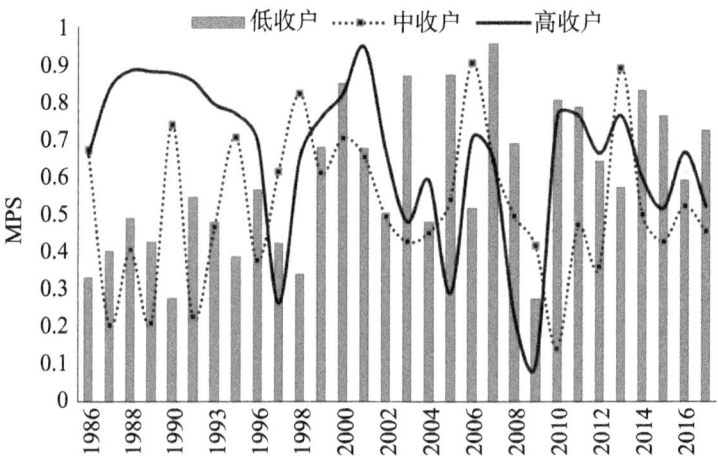

图 3.4　不同收入水平的农户家庭边际储蓄倾向

进一步，从不同收入水平的储蓄率看（图 3.5），低收入户的储蓄率随时间呈波动上升趋势，由 1986 年的 −2.086 逐渐上升，到 2011 年转为正值，之后攀升至 2015 年的最高点 0.261，但到 2016—2017 又降至负值；中等收入户的储蓄率呈波动上升趋势，由 1986 年的 0.105 上升至 2017 年的 0.397，整个观察期增加了 2.781 倍；高收入户的储蓄率走势与中等收入户相似，总体上随时间呈波动上升趋势，由 1986 年的 0.374 上升至 2017 年的 0.508。可见，农户家庭的储蓄率与收入水平紧密相关，中等收入户的储蓄率增幅最大，随着中国农村经济的发展，以及近年来精准扶贫工作的深入实施、贫困人口数量的下降、中等收入户群体的扩大，中国农村居民储蓄率水平还将进一步上升。

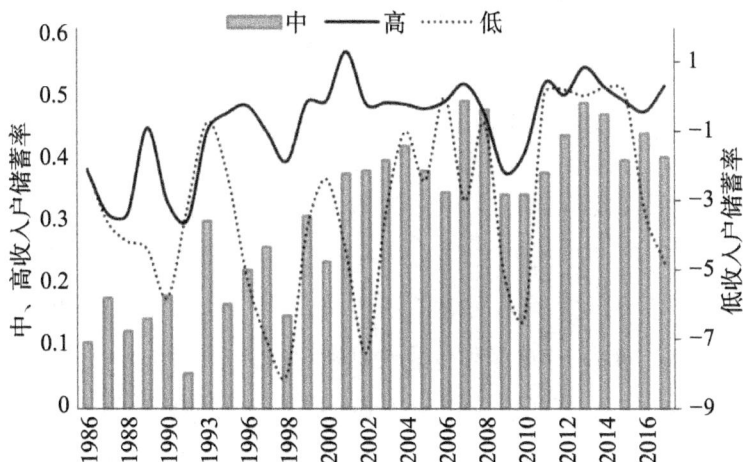

图 3.5　不同收入水平下的农户储蓄率

3.4　高储蓄率背后的真实储蓄水平

从时序数据看，农户家庭储蓄率从 1986 年的 5.90% 上升至 2014 年的最高点 40.99%，之后回落到 2017 年的 30.06%。根据艾春荣和汪伟等（2008）的统计，1980—2006 年全球平均储蓄率为 22.5%，其中发达国家平均储蓄率约为 22.0%，中等收入国家约为 25.3%，低收入国家平均为 19.5%。可见，中国农村家庭储蓄率还是偏高的。在进入 21 世纪之前，农户家庭储蓄率增长不大，但进入 21 世纪后增幅明显，尤其是次贷危机以来。根据现有文献的分析，传统消费储蓄理论很难对持续走高的农村家庭储蓄率做出令人信服的解释（Wei & Zhang，2011）。这不禁让我们重新思考以下两个问题：第一，传统消费储蓄理论的普适性与中国城乡"二元"结构特殊性间的差异;第二,进入 21 世纪以来,尤其是次贷危机后,中国农村家庭储蓄率大幅增长,但高储蓄率背后的真实储蓄水平如何呢? 第一个问题的回答有利于我们深刻认识主导中国农村家庭储蓄行为变迁的长期因素是什么,第二个问题的回答有助于我们判断转型期的中国农村家庭储蓄率到底是高还是低。很长一段时间以来,中国农村家庭储蓄的主要目标之一是购买或消费一些耐用品或服务,早期有自行车、缝纫机和大型家具等"老三件",近些年有计算机、小汽车和旅游等"新三件";并且随着生活水平的提高,农村居民家庭生活品消费占比在不断下降,但服务性消费占比在不断上升(彭小辉等,2017)。为此,我们以生活品、服务以及住房支出为参照系,测算农村家庭高储蓄率背后的真实储蓄水平或保障程度。

3.4.1 基于生活品消费支出的测算

自 1978 年"去集体化"改革到 2008 年全面实施新型农村合作医疗保险,再到 2009 年实施新型农村社会养老保险之前,农村家庭的医疗养老保险基本上只能依靠家庭。因此,家庭储蓄不仅要积累还要应对风险用于购置和消费一些大件商品。为了测算高储蓄背后的农村家庭的真实保障水平,我们采用人均实际储蓄水平与人均生活消费支出的比值(以下简称"保障水平")来考察整个观察期家庭的真实储蓄水平,这里的生活消费我们将其区分为两种:一种是广义消费支出的概念,包括衣、食、住、燃料、用品等生活品,以及生活服务消费支出;另一种狭义的消费支出概念,包括食品、衣着、燃料、用品[①]。一般而言,该比值越高说明农户家庭的真实储蓄水平较高,反之相反。从图 3.6 可以看出,在次贷危机之前,储蓄水平与保障水平的走势基本一致,但在次贷危机后,储蓄水平与保障水平出现明显分化,储蓄水平在高位徘徊,但保障水平自次贷危机时的高点逐年波动下降。结合图 3.7,次贷危机之后保障水平与储蓄率高位震荡的走势也不同。这表明,次贷危机之后,表面上中国农村家庭储蓄水平和储蓄率均在高位运行,但实际上储蓄的真实保障水平却在下降。从狭义消费支出视角看,储蓄的保障水平与基于消费支出计算的保障水平的走势如出一辙,

---

① 狭义的消费支出中没有包括住房支出,因为在统计上一般将住房纳入投资范畴。

这说明即使扣除住房以及生活服务消费支出，结合储蓄率走势，在次贷危机之前，储蓄率快速回升至危机前的水平，但真实的储蓄保障水平并没有因此提高，而是呈波动式下降趋势。这在一定程度上再次表明次贷危机之后，农村家庭的储蓄行为和目的或许正在发生重要改变。

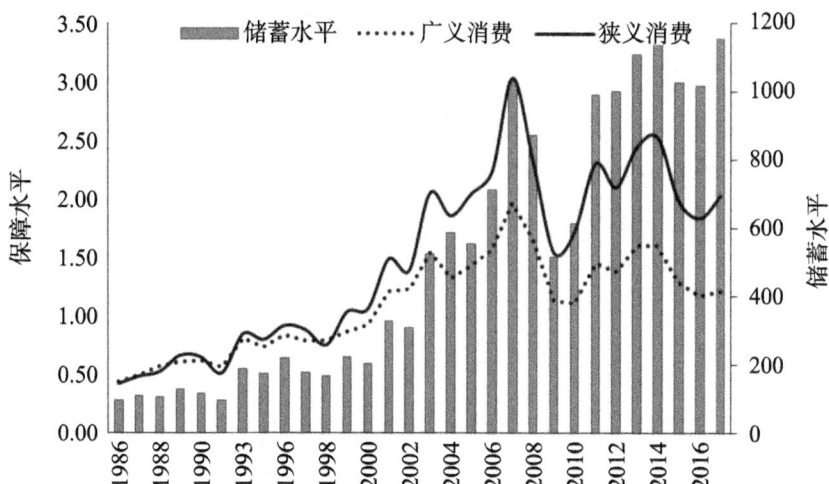

图 3.6　不同消费支出下的储蓄保障水平

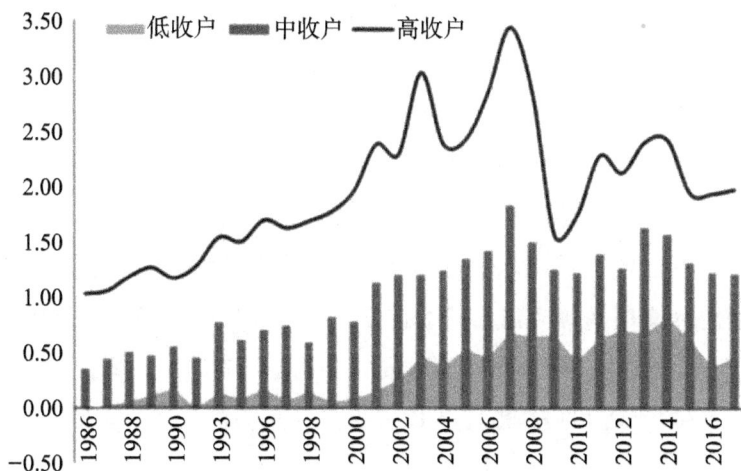

图 3.7　不同收入水平下的农户家庭储蓄水平的保障程度

从不同收入水平农村家庭的储蓄保障程度看（图 3.7），在整个观察期，高收入户储蓄水平的保障指数为 1.926，即高收入户年均储蓄水平够其消费 2 年左右；中等收入户的保障指数为 1.003，即中等收入户年均储蓄水平只够其消费 1 年左右；低收入户的保障指数为 0.324，即低收入户年均储蓄水平只够其正常消费不到 4 个月的时间。由此，可以看出，无论是拥有储蓄率为 44.845%的高收入户，还是拥有 30.770%的中等收入户，农户家庭高储蓄率背后的真实保障程度都是不高的。因为无论是 2008 年开始全面实施的新型农村合作医疗，还是 2009 年开始试点的新型农村社会养老保险，保障程度均较低，一旦家庭成员发生大病，虚高的储蓄率并不足以维持他们长期的正常生活消费支出。从时间变化趋势看，无论是高收入户，还是中低收入户，在次贷危机之前，基于广义消费品支出测算的储蓄水平的保障程度随储蓄水平的增长而提高，但次贷危机之后开始分化，中、低、高收入户的保障程度均开始出现明显的回落。

3.4.2　基于生活服务支出的测算

随着农村经济的发展，农民生活水平的提高，农户家庭生活消费支出结构已经发生了明显的结构性变化，恩格尔系数不断走低，农村家庭消费正在由生活消费向服务消费转换。为了进一步检验储蓄的保障水平，我们基于医疗、教育和旅游等生活服务性消费支出测算了农户家庭的储蓄保障程度。以人均实际储蓄占人均医疗和教育支出加总得到生活服务 1，将储蓄水平除以生活服务 1 得到衡量储蓄保障水平的指标。从图 3.8 可以清晰地看出，基于医疗和教育等生活服务性消费支出测算的储蓄保障水平呈 "C" 走势，在次贷危机之前与储蓄水平同步增长，但储蓄水平在次贷危机的影响短暂回落后快速回升至危机之前的高水平，然而储蓄保障水平在 2007 年达到峰值后逐年走低。2003 年之后新增加了旅游和交通通信支出的调查指标，我们在生活服务 1 的基础上计入了旅游和交通通信支出，由此得到生活服务 2。从图 3.8 看，基于生活服务 2 测算的储蓄水平的保障水平自 2003 年以来更是一直呈波动下降走势。

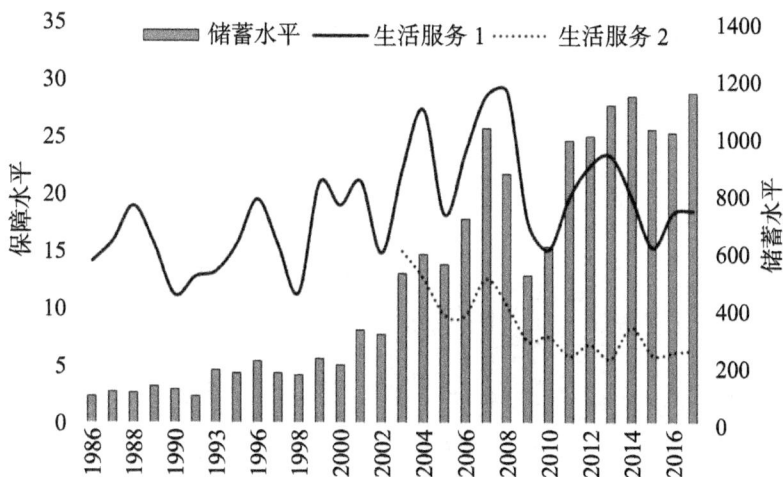

图 3.8　基于生活服务消费支出的储蓄保障水平①

3.4.3　基于住房支出的测算

　　有研究表明，在中国城乡"二元"结构下，即使流入地政府能够一视同仁解决农民工市民化问题，仍有 2/3 的农民工不打算在城市定居（黄祖辉、胡伟斌，2019），他们进城务工，努力工作、节俭生活，为的是回到农村过上更好的生活。在中国传统文化中，"有房才有家"的观念根深蒂固，外出务工赚钱，回家盖房娶媳妇仍然是很多农民工外出务工的主要目标之一，因此从住房支出的角度测算储蓄的保障水平具有一定现实意义。这里我们采用储蓄水平除以住房支出作为测算储蓄保障水平的指标。从图 3.9 可以看出，基于住房支出测算的储蓄保障水平呈"∩"走势，最高点仍然出现在 2007 年，之后受到次贷危机影响大幅回落，这一走势与基于生活品消费和服务性消费计算的结果一致。从三等分收入看，无论是高收入户，还是中等收入户，储蓄保障水平的走势与总体走势基本一致，尤其是高收入户在次贷危机后降幅特别大，而低收入户则在波动中保持相对稳定。

---

　　①　2003 年农户调查表开始增加旅游、交通通信支出的调查指标。

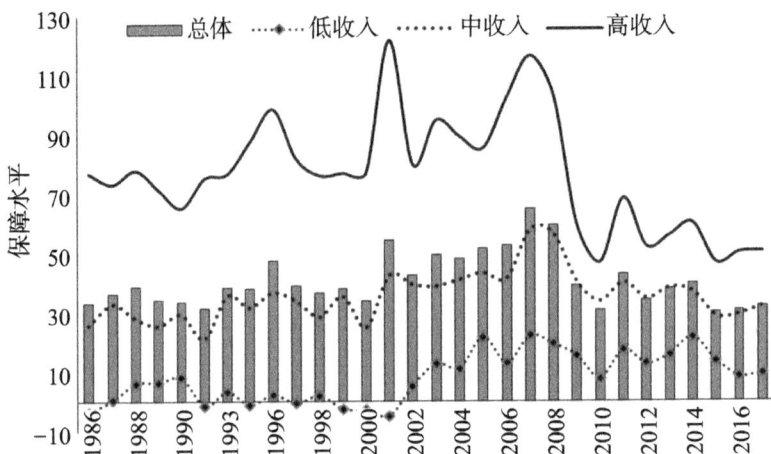

图 3.9 基于住房支出的储蓄保障水平

3.5 传统消费储蓄理论之再讨论

为了识别城乡"二元"结构下农村家庭储蓄行为的变迁过程以及影响因素，我们主要根据消费储蓄理论以及前文描述性统计分析结果，对生命周期理论、收入不平等、预防性储蓄理论以及竞争性储蓄理论假说等传统消费储蓄理论进行简单的再检验，从中识别影响中国农村居民储蓄变迁的因素，以及长期主导农村家庭储蓄率上升的基础性因素。

3.5.1 生命周期理论假说

从现有生命周期理论假说的经验研究结论看，既有支持老龄化对储蓄率存在负向影响，也有支持老龄化对储蓄率存在正向影响。对于生命周期对储蓄率影响的实证研究中，如何定量化生命周期，一般有两种指标刻画生命周期，一种是直接用家庭人口年龄结构，另一种是劳均抚养系数，即少儿抚养比和老年抚养比。为了检验生命周期理论是否适合解释山西农村家庭储蓄率的变化过程，接下来我们从人口年龄结构和抚养比两个维度进行经验验证。

从图 3.10 可以看出，就整个观察期而言，人口年龄结构与储蓄率的变化关系并不符合经典生命周期理论假说的预测，呈现明显的阶段性特征。自观察初期到次贷危机，相比家庭成员平均年龄（或主要劳动力年龄）50 岁以上的老年人家庭样本，31—40 和 40—50 岁年龄段的家庭储蓄率较大，并且 60 岁以上的家庭储蓄率多为负数，这符合生命周期假说的预测；但次贷危机后，年龄在 50 岁以上的农村家庭储蓄率要显著高于 50 岁以下的农村家庭，这与 Koga（2006）及 Chamon 和 Prasad（2010）发现老年人家庭的储蓄倾向较高的研究结论一致。进一步从不同年龄组样本农村家庭的储蓄率看，在次贷危机之前，50 岁及以下农户家庭储蓄率随时间增长，储蓄率在次贷危机期间达到峰值，之后开始大幅下降，并且低于老年人农村家庭。这种结构性变化说明，第一，主导农村家庭储蓄行为的因素已发生结构性变化，这是学术界和政府决策层应该关注的重要问题；第二，老年农村家庭样本的储蓄率较高是否是因为预期寿命延长导致需要储蓄更多，因为根据生命周期理论，具有理性预期的个体意识到预期寿命的延长，会主动调整其工作阶段的消费储蓄行为，预防性储蓄动机可能带来储蓄率的上升（汪伟、艾春荣，2015）。中国老龄化的程度显然不是从次贷危机开始的，山西农户 65 岁人口占总人口的比重在 2003 年就超过了 7%，进入老龄化社会（彭小辉、史清华，2018）。因此，人口老龄化对储蓄率影响的"寿命效应"还需要更多微观数据支持。

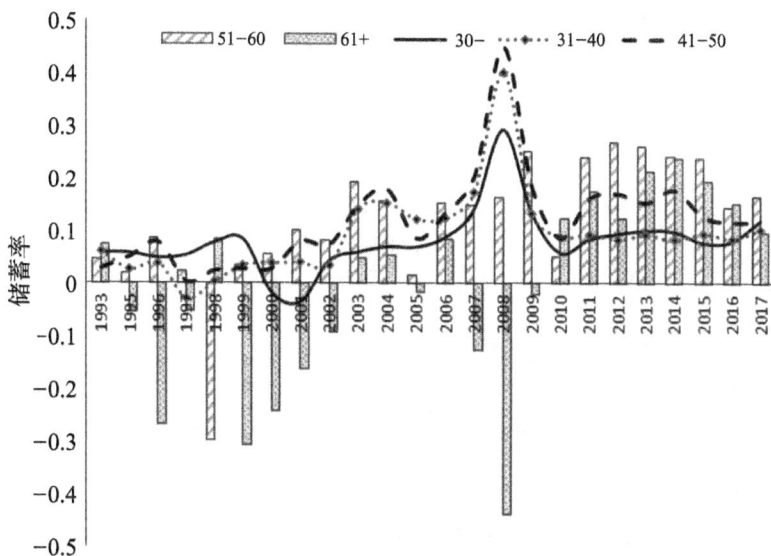

图 3.10　不同年龄组农村家庭储蓄率及其变化

考察人口抚养比与储蓄率的关系是验证生命周期理论的另一种方法。总抚养比一般为少儿人数（0～14 岁）和老年人口（65 岁及以上）占总劳动力

（16～64岁）的比重，但考虑到微观数据有样本家庭不存在劳动力，因此，借鉴万广华等（2003）的做法，采用负担率指标代替，具体计算为：负担率=（家庭人口数－劳动力数）/家庭人口数。这种做法虽然较传统以劳动力做分母有差别，也会降低准确性，但在讨论负担率与储蓄率关系及其变动趋势上似乎不会引起太大的扭曲。从图3.11可以看出，农村家庭人口负担率与储蓄率呈严重右偏的倒"U"型，在负担率为0.10-0.20时家庭储蓄率达到最大值为0.38，之后储蓄率随家庭负担率的增加而下降。从家庭总负担率的角度看，生命周期理论假说似乎可以在一定程度上得到验证。但也有学者认为儿童抚养比和老人抚养比可能对储蓄率存在不同的影响（Yasin，2007），董丽霞、赵文哲（2013）实证分析了抚养比对储蓄率的异质性影响，发现在不同的收入水平上，少儿抚养比和老人抚养比对储蓄率的影响是不一致的。

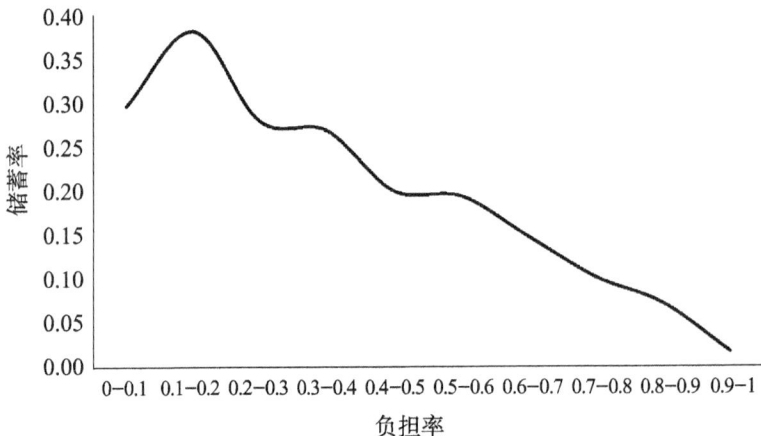

图 3.11　农户家庭人口负担率与储蓄率的关系

3.5.2　收入不平等与储蓄率

现有相关文献认为收入不平等是引起中国家庭储蓄率上升的重要原因（甘犁等，2018；Gu et al.，2018；Chang et al.，2019），但现有文献并没有更多地关注农村内部收入分配、收入差距与储蓄率关系（甘犁等，2018）。从图3.12可以看出，样本家庭基尼系数呈"驼峰"状，由观察初期1986年的0.346上升至第一个驼峰0.472（2003），在2003年新世纪第一个"一号文件"等强农惠农政策的支持下，基尼系数开始回落，家庭到2007年降至0.426，之后受到次贷危机的影响，基尼系数开始回升到驼峰的第二个高点 0.473（2009），随后逐年回落到 2017 年的 0.400。相比家庭储蓄率，农村基尼系数与随时间上升的储蓄率走势不存在明显的一致性变动趋势，并且次贷危机后，储蓄率维持在高位，但基尼系数却呈下降趋势。由此，农村家庭间收入差距是否是家庭储蓄率上升的原因还需要更多微观证据支持，尤其次贷危机以来收入差距与持续上升的农村家庭储蓄率之间不存在明显的同步变动趋势。

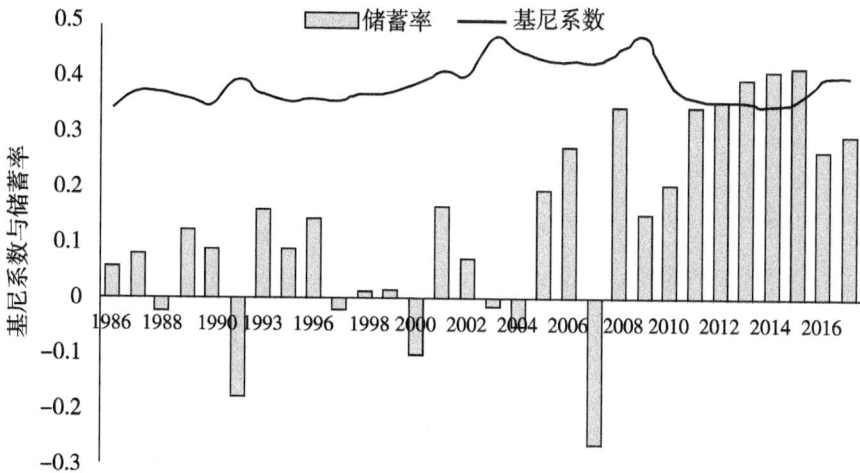

图 3.12　山西农村家庭基尼系数与家庭储蓄率的关系

3.5.3　预防性储蓄假说

关于不确定与储蓄行为的研究最早可以追溯到 Leland（1968），他认为居民可能通过额外储蓄以预防未来收入不确定性对消费的冲击，Flavin（1981）不确定性下的居民储蓄行为明确定义为"预防性储蓄"。由此可见，居民预防性储蓄的根本目的是应对未来收入的不确定性。这一结论得到许多经验验证（He et al.，2018；姚东旻等，2019；Niimia & Horioka，2019；Levenko，2020）。在中国城乡"二元"经济结构下，农业生产以及农民外出务工本身将面临更大的收入不确定性，因而农村家庭的预防性储蓄动机更高（易行健等，2008；何平等，2010）。如何界定收入的不确定对研究结论具有重要影响，但从现有文献看，学术界对于收入不确定性的衡量并未达成共识，现有文献主要采用收入波动、失业或患病的概率、保险等作为收入不确定的代理指标

（沈坤荣、谢勇，2012）。这里我们借鉴 Dynan et al.（2004）和沈坤荣、谢勇（2012）的研究方法，构建家庭收入方程，以农村家庭人均实际纯收入作为因变量，根据程名望等（2016）选取了家庭成员的平均年龄（age）、受教育程度（edu）、健康状况（health）、社会关系资本（sc）、家庭劳动力占人口的比例（lr）等作为自变量进行双向固定效应回归，得到收入方程的预测值和残差，将其作为持久收入和不确定性收入的代理指标，并对储蓄率进行回归。由于残差不能被人力资本和家庭特征解释，因此可用来表示不确定性收入（Wang，1995）。根据经典生命周期理论，我们还在回归方程中增加了农户家庭户主的年龄及年龄的平方；根据罗储亮等（2009）和彭小辉等（2013），我们还将人均住房面积作为财富的代理变量加入方程。首先我们对收入方程（1）进行固定面板回归得到持久收入和不确定收入，然后对（2）进行回归，考察不确定性收入对储蓄率的影响。

$$Y_{ijt} = \alpha_0 + \beta_1 edu_{ijt} + \beta_2 age_{ijt} + \beta_3 health_{ijt} + \beta_4 SC_{ijt} + \beta_4 ld_{ijt} + T_t + \lambda_j + \varepsilon_{ijt} \quad (3.2)$$

$$S_{ijt} = \alpha_0 + \beta_1 uncertaint\ y_{ijt} + \beta_2 pei_{ijt} + \sum \gamma_i X_{ijt} + T_t + \lambda_j + \varepsilon_{ijt} \quad (3.3)$$

从表 3.1 可以看出，不确定收入与储蓄率正相关，且在 1% 的水平上显著性，这与林光华（2013）的研究结论一致。考虑到异常值对均值回归的影响，我们还采用分位数回归进一步检验了不确定对农户家庭储蓄率的影响。表 3.1 的分位数回归结果进一步表明了不确定性与储蓄率正相关，从不同分位数回归结果看，不确定收入回归系数的 T 检验在 5% 的水平上拒绝原假设，说明不确定收入的不同分位数系数是不相等的，且不确定性收入的分位数回归系数呈递增趋势，这表明收入不确定性增加对于低储蓄率家庭的影响较小，但对高储蓄率家庭的影响较大。

表 3.1　不确定性对农户家庭储蓄行为的影响

	模型 1（RE）	模型 2（FE）	模型 3（0.25）	模型 4（0.5）	模型 5（0.75）
不确定收入	0.0180***（0.0063）	0.0252***（0.0076）	0.0123***（0.0048）	0.0246***（0.0029）	0.0258***（0.0022）
持久性收入	0.1166***（0.0232）	0.0912**（0.0365）	0.1341***（0.0238）	0.0753***（0.0097）	0.0511***（0.0117）

	模型 1（RE）	模型 2（FE）	模型 3（0.25）	模型 4（0.5）	模型 5（0.75）
户主年龄	0.0025（0.0035）	−0.0018（0.0042）	0.0065*（0.0038）	0.0010（0.0022）	0.0007（0.0017）
户主年龄平方	0.0010（0.0035）	0.0039（0.0044）	0.0034（0.0037）	0.0010（0.0021）	0.0006（0.0016）
财富	−0.0019***（0.0004）	−0.0026***（0.0006）	−0.008***（0.0003）	−0.0003**（0.0001）	−0.0003***（0.0001）
老人抚养比	−0.0855**（0.0366）	−0.1115**（0.0466）	−0.0510***（0.0365）	−0.0698***（0.0190）	−0.0554***（0.0143）
少儿抚养比	0.1111***（0.0324）	0.1568***（0.0414）	0.1211***（0.0257）	0.0622***（0.0183）	0.0563**（0.0237）
学生占比	−0.1831***（0.0393）	−0.1833***（0.0467）	−0.2825***（0.0306）	−0.2209***（0.0175）	−0.1814***（0.0229）
时间效应	YES	YES	YES	YES	YES
个体效应	NO	YES	−	−	−
常数项	−0.5008***（0.1755）	−0.2086（0.2722）	−0.8128***（0.1738）	−0.1095（0.0835）	0.2064***（0.0903）
Wald/F 值	108.36（p<0.0001）	3.70（p<0.0001）	−	−	−
R^2/Pseudo R^2	0.0763	0.0266	0.0360	0.0452	0.0500
样本	4712	4712	4712	4712	4712

注：由于家庭成员信息的调查始于 2003 年，故回归样本时间周期为 2003—2017 年。考虑到异方差，括号内为稳健标准误。*、**、***分别表示 10%、5% 和 1% 的水平上显著。不同分位数上的不确定性收入回归系数 t 检验 F 值为 4.21（p=0.0149），表明在 5% 的显著性水平上拒绝完全相等的原假设。

此外，从家庭年龄结构看，老人抚养比与储蓄率显著负相关，但少儿抚养比与储蓄率显著正相关，这进一步印证了董丽霞、赵文哲（2013）的研究结论，即少儿和老人抚养比对家庭储蓄行为的影响是不同的，老年抚养比越高会显著降低储蓄率，这符合生命周期假说预测，而少儿抚养比有助于提高农户家庭储蓄率，这符合中国父母强烈的"遗赠动机"，尤其是中国农村，父母不仅要将孩子抚养长大，还要负责帮孩子"娶媳妇"，由此少儿抚养比越高，储蓄动机就会越强。

3.5.4 竞争性储蓄假说

竞争性储蓄假说认为人们储蓄是为了谋求在婚姻市场上更有利的地位，在性别比例严重失衡（男多女少）时，养儿的家庭会为了应付婚姻市场上的竞争而提高储蓄率（Wei & Zhang，2011）。相比城镇，由于农村在执行计划生育政策上相对宽松导致农村地区男女性别比会更失衡（彭小辉等，2017）。近年来，中国农村频现"天价彩礼"的现象在一定程度上反映了竞争性储蓄是导致家庭储蓄率高的原因，但由于各年龄组家庭储蓄率均上升（Chamon & Prasad，2010），这一假说又受到学术界质疑。接下来，我们用统计分析方法简单地检验下这一假说对山西农村家庭储蓄行为的影响。我们用农村固定观察点村级综合调查数据库中男/女（村庄男性常住人口/女性常住人口）的值来表示性别比，从图 3.13 可以看出，性别比与储蓄率之间相关性非常弱，相关性仅有 0.008。从时间变化趋势看，在 2010 年之前，性别比保持相对稳定，维持在 1.05 上下，与家庭储蓄率的关系不明显；但 2010 年之后，性别比与储蓄率都呈上升趋势，一定程度上反映了农村性别比例越失衡，农村家庭竞争性储蓄动机越强的推断。但这只是粗略的统计分析，无法反映不同年龄组家庭的储蓄率与性别比之间的关系，理论上处于性别比严重失衡的村庄，有适婚年龄的家庭储蓄率应该有明显的增加才更具有说服力。限于数据的可得性，无法得到适婚年龄的家庭样本，只能退而求其次，我们分别考察了不同年龄组家庭的储蓄率与性别比之间的关系。从图 3.14 可以看出，无论是家庭平均年龄在 31–40 岁、41–50 岁，还是 51–60 岁的家庭，其储蓄率均随时间呈上升趋势，我们的微观数据进一步验证了竞争性储蓄假说无法解释不同年龄组家庭储蓄率均上升的事实（Chamon & Prasad，2010）。

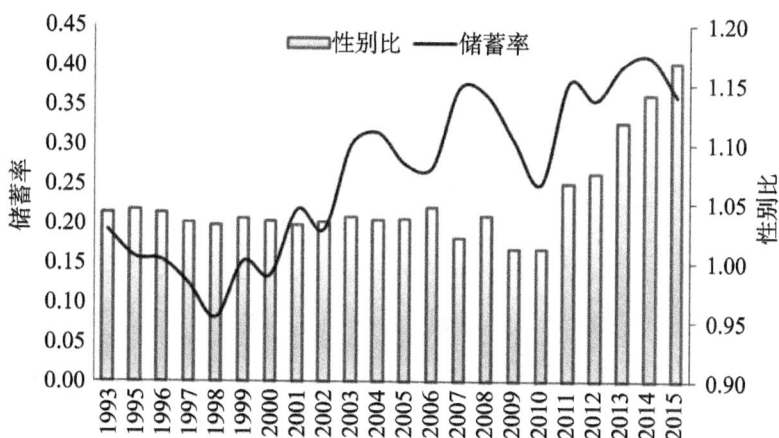

图 3.13　性别比与农户家庭储蓄率的关系

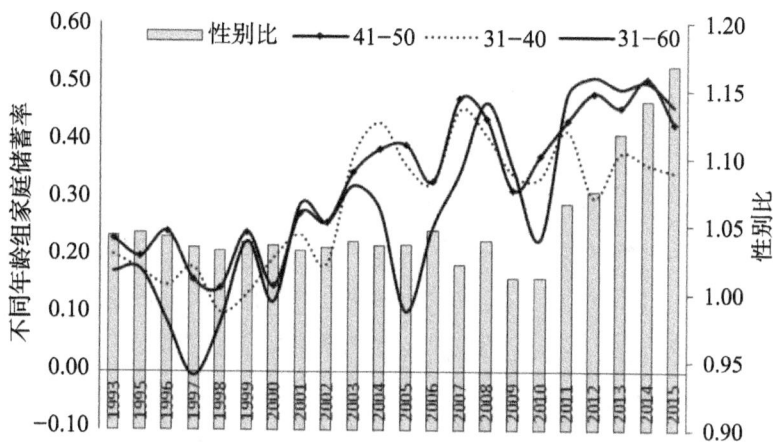

图 3.14　不同年龄组家庭储蓄与性别比的关系

3.6　"二元"结构下的农村家庭储蓄行为变化

基于 1986—2017 年的山西农户数据的经验检验表明，无论是传统的消费储蓄均衡理论，还是非均衡理论，均无法对农村家庭持续上升的储蓄率做出令人信服的客观解释，因此，必然还存在导致农村家庭储蓄率持续波动上升的基础性因素，有待学术界进一步探索。我们认为导致农村家庭储蓄率不断上升的主要原因在于城乡"二元"社会经济结构使然，在户籍等制度性约束下，劳动力从农村向城市流动是不完全和不彻底的，农民工家庭与城镇居民和农村居民面临不同的预算约束,因此,他们有着不同的消费储蓄行为决策。接下来我们将从城乡"二元"结构视角,运用统计分析方法探讨不完全不彻底的劳动力流动与家庭储蓄率的关系。

3.6.1 农村家庭储蓄水平与劳动力转移

在1986—2017年的整个观察期,从储蓄水平上看,农村家庭储蓄水平呈阶段式上升走势,在1990年之前储蓄水平较低,最高的1989年人均储蓄额也仅有130元/人,并且波动幅度也较小;进入1990年后,农村家庭储蓄水平迈上了一个新的台阶,到1996年突破200元大关,但之后受农业税费负担过重的影响,储蓄水平出现明显的徘徊不前,直到进入新世纪后,尤其是2003年中央"一号文件"重新聚焦"三农"问题,开启了以税费改革为核心的收入分配制度改革(彭小辉、史清华,2018),在一系列强农富农惠农政策的支持下,农户收入增长提速,储蓄水平由此再迈上一个更高的台阶,到2003年连续突破400、500元两个整数关口,达到了537.65元/人,到2007年更是达到1052.22元/人,但之后受到次贷危机的影响,储蓄水平出现明显回落,在2009年降至582.36元/人,同年"一号文件"聚焦农民持续增收,之后储蓄水平增加,到2011年再次突破1000元大关,达到了1005.85元/人,之后基本稳定在1000元/人以上,增速明显放缓,再次进入徘徊不前的态势。

考虑到城乡"二元"结构下农村家庭劳动力转移会对家庭消费储蓄行为产生影响,我们以农村劳动力转移占家庭劳动力人数的比例来描述劳动力转移率。从农村家庭储蓄水平与劳动力转移率两者变动趋势上看,两者保持高度一致的变化趋势(图3.15),尤其是进入新世纪后,两者同步变化趋势更为明显。2000年10月,中共中央在"十五"规划中明确提出要加快推进城市化,不失时机实施城镇化战略,在逐渐放松小城镇户籍管理限制等一系列加速推进城镇化的措施支持下,进入新世纪后农村劳动力转移率快速提升,从2001年的4.83%猛升至2003年的19.01%,2004年直接突破20%,之后均维持在20%以上;与此同时,家庭储蓄水平也迈上了一个大台阶,2003年储蓄水平连续突破400元/人和500元/人两道整数关口。之后受次贷危机影响,两者同步回落,之后再次回升到高位。

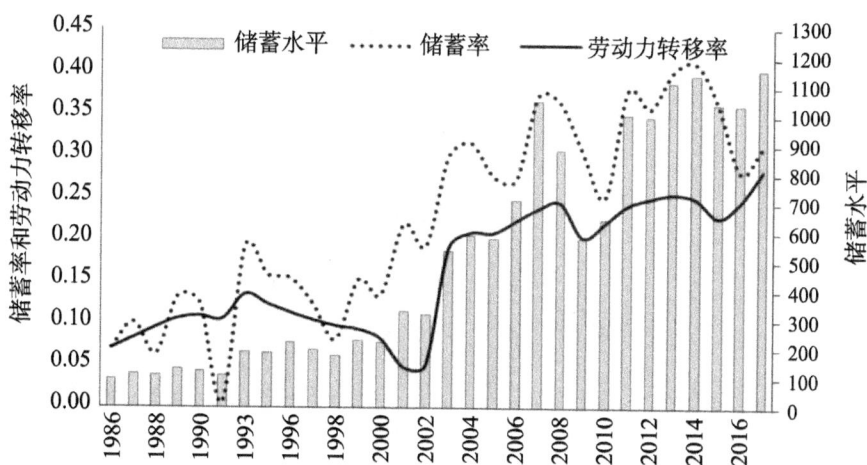

图 3.15　劳动力转移与家庭储蓄行为

3.6.2　农村家庭储蓄率与劳动力转移

如果从家庭劳动力转移率与储蓄水平看仍然不能给出令人信服的经验证据，那接下来我们采用家庭储蓄率这一相对指标来进一步检验劳动力转移与储蓄行为之间的关系。从图 3.15 可以清晰地看出，家庭储蓄率与劳动力转移率在走势上相似。

我们还进一步比较了存在劳动力转移家庭与不存在劳动力转移家庭对家庭储蓄率的影响。从图 3.16 可以清晰地看出，存在劳动力转移的家庭储蓄率显著高于不存在劳动力转移的家庭，尤其是 2016—2017 年，尽管不存在劳动力转移的家庭储蓄率在低位徘徊，但存在劳动力转移的家庭的储蓄率仍在高位，并且呈增长态势。这表明，随着城镇化的加速推进，农村剩余劳动力从农村向城镇转移，农村劳动力外出不仅给农户家庭带来了更多的务工收入，也显著提高了其家庭储蓄率，这与 Giavazzi et al.（2008）的研究结论一致。存在劳动力转移家庭的储蓄率显著高于不存在劳动力转移的储蓄率，主要原因在于，在中国，农村剩余劳动力外出就业从事的都是城镇最苦、最累、最脏的工作，就业风险高，保障程度低，未来收入风险比较大，因此增加储蓄以降低未来就业风险，这与Piracha & Zhu（2012）研究移民储蓄行为时得到的结论类似。由此可见，城乡"二元"结构下的劳动力不完全不彻底转移可能是导致农村家庭储蓄率持续走高的主要原因。当然,这里的简单统计分析还远不足以解释家庭劳动力转移与储蓄行为之间的相关关系,下一章将进行更为严谨的理论与实证分析。

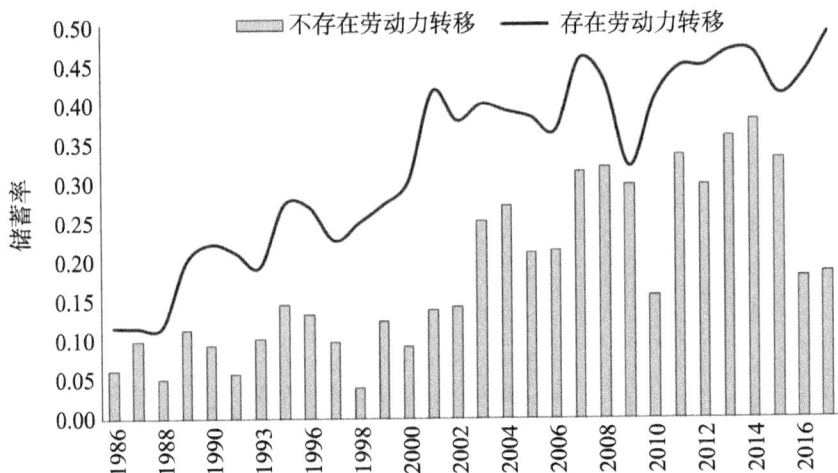

图 3.16 劳动力转移与家庭储蓄率的关系

3.7 本章小结

在整个 1986—2017 年的观察期间,农村家庭储蓄行为与收入变化紧密相关。从绝对值上看,农村家庭储蓄水平伴随收入水平的提高而增加,但显然储蓄增幅远高于收入增幅,这是导致农村居民家庭储蓄率高的重要原因之一。进一步从不同收入水平的分类看,高低收入户的储蓄水平的绝对值差距随时间在不断扩大。从相对值上看,农村家庭的边际储蓄倾向呈波动下降,但储蓄率是波动上升的。在不同收入水平上,高收入水平的边际储蓄倾向显著高于中低收入户,但呈下降走势,而低收入户的边际储蓄倾向呈增长趋势,中等收入户保持相对稳定。从储蓄率上看,无论是低收入农户,还是中高收入家庭的储蓄率均随时间呈波动上升趋势,但中等收入户的储蓄率增幅最大。随着农村经济的发展,以及近年来精准扶贫工作的深入实施,贫困人口数量的下降,中等收入群体的不断扩大,中国农村居民储蓄率水平还将进一步上升。但基于生活品、生活服务性和住房支出三个维度测算的农户家庭储蓄水平的保障程度其实不高,高储蓄率背后的真实储蓄水平较低,且次贷危机后,高储蓄背后的保障程度随储蓄水平的提高而下降。由此,21 世纪以来农村家庭持续走高的储蓄率并不是真实的高储蓄水平，高储蓄率的背后并没有给农村居民更多的安全和保障。

从传统经典消费储蓄理论的经验看，我们从人口年龄结构和抚养比两个维度检验生命周期－持久收入假说，但遗憾的是，微观数据不完全支持该假说。生命周期理论预测老龄化将降低中国农村家庭储蓄率，但我们的微观经验证据并不支持该预测，相反，老年人家庭的储蓄率反而显著高于年轻人，这可能与中国社会养老保险不完善以及预期寿命延长相关。从抚养比角度看，老年抚养比会降低储蓄率，但少儿抚养比会提高储蓄率，因为中国家庭的父母有强烈的"遗赠动机"。这给我们的直接启示是，用中国数据检验生命周期假说时，抚养比需要进一步细分为少儿和老年抚养比。从收入不平等、性别比与储蓄率的关系看，长期跟踪观察的微观数据并不支持收入不平等对储蓄率有正向影响，也无法解释不同年龄组的家庭储蓄率都上升的事实，但我们的数据支持预防性储蓄假说的结论，且预防性储蓄对高收入家庭的影响较低收入家庭要大。通过简单统计分析结果表明，经典的消费储蓄理论在解释中国典型的城乡"二元"结构下的农村家庭储蓄行为时尤其需要谨慎。经典消费储蓄理论不能完全解释山西农村家庭储蓄率持续攀升的事实，这为我们进一步研究山西乃至全国农村家庭储蓄行为提供了机会。从微观跟踪数据的统计分析看，农村家庭储蓄行为与劳动力转移率紧密相关，两者几乎保持同步变化。在户籍等制度性因素限制下，农村劳动力转移是不完全不彻底的，这使农民工家庭面临着与城镇居民和农村居民不同的预算约束，其消费储蓄行为决策存在显著差异（Meng et al.,2016）。这表明，城乡"二元"结构导致劳动力不完全不彻底转移可能是导致农村家庭储蓄率上升的结构性因素。

第4章 劳动力转移对家庭储蓄率的异质性影响[①]

上一章在对农村居民家庭储蓄水平、边际储蓄倾向和储蓄率等变化过程进行统计分析的基础上，利用微观农户数据对经典消费储蓄理论进行了简单再检验，并探讨了二元结构下劳动力转移与家庭储蓄的关系，分析结果初步表明二元结构导致劳动力不完全不彻底转移可能是导致山西农村家庭储蓄率高且不断上升的原因，但缺乏严谨的定量分析。本章将在此基础上采用更为严谨的分析方法对农村劳动力转移与家庭储蓄率的关系进行理论与实证分析，重点探讨劳动力转移对家庭储蓄率的异质性影响。

4.1 前言

中国高储蓄问题一直是政府和学术界关注的热点，在城乡"二元"结构下，对于农村家庭储蓄率的研究离不开一个特殊的群体——农民工，2018年中国农民工总量达到2.88亿人，较2017年提高1.10个百分点（2018年农民工监测调查报告）。由于"二元"户籍等制度的限制，农村劳动力转移往往是不完全不彻底的，劳动力不完全不彻底转移的家庭与农村居民有不同的消费储蓄行为（Meng et al., 2016），这是研究中国农村居民消费储蓄行为不容忽视的重要事实。现有研究虽然已经意识到城乡"二元"结构下劳动力转移对农村家庭消费储蓄行为的影响，但并没有意识到不完全不彻底的劳动力转移对家庭储蓄行为

---

① 本章主体内容以全国农村固定观察点的数据为样本发表于2019年《统计与信息论坛》第12期。

的影响，不同程度的劳动力转移（以下简称"劳动力转移异质性"）意味着其对未来的预期和面临的预算约束是不同的，其消费储蓄行为决策理应有别。已有文献将劳动力转移视为同质，不利于揭示劳动力转移对农村家庭消费储蓄行为决策的影响机制，本章基于山西农村固定观察点跟踪调查的微观农户数据，综合运用面板双向固定、分位数回归、倾向得分匹配（PSM）等方法解决样本选择偏差和内生性等问题，以期得到准确的估计结果。

4.2 理论模型

为了简单起见，农户家庭在给定的预算约束下，通过跨期选择消费和储蓄以实现终身消费效用最大化。一般而言，农村劳动力转移到城镇就业，有助于提高收入和消费水平，即期效用也随之上升，但由于城乡二元户籍的制度性限制，农村劳动力转移往往是不完全和不彻底的，能实现举家迁徙或转移的农民工比例不多，因此，我们假设家庭即期效用是家庭中劳动力转移比重的增函数。基于上述分析，假定家庭消费行为：

$$\max \sum_{t=0}^{T} \beta^t \frac{[h(\varphi_t)c_t]^{\wedge}(1-r)}{1-r} \qquad (4.1)$$

$$s.t.(1+r_t)\Lambda_t + I_t + c_t = \Lambda_{t+1} \qquad (4.2)$$

其中 β 为贴现因子，表示决策者对不同时期的消费偏好，r 为金融市场的利率，t 为时间，c_t 表示第 t 期家庭消费，$\frac{[h(\varphi_t)c_t]^{\wedge}(1-r)}{1-r}$ 为家庭决策者的即期消费效用函数；φ_t 表示 t 期农户家庭劳动力转移率；I_t 为 t 期农户家庭总收入。根据假设，$\frac{\partial h}{\partial \varphi} > 0$；$\Lambda_t$ 表示 t 期农 Λ_t 户家庭的总财富。为了简化，假设农户家庭的初始财富为 $\Lambda_0 = 0$，并且财富可以跨期转移。

式（4.1）、式（4.2）对应的贝尔曼方程为：

$$V(\Lambda_t) \max\left[\frac{[h(\varphi_t)c_t]^{1-r}}{1-r} + \beta V(\Lambda_{t+1})\right] \qquad (4.3)$$

家庭最优的消费路径：

$$\frac{c_{t+1}}{c_t} = [\beta(1+r_t)]^{\frac{1}{r}}\left[\frac{h(\varphi_{t+1})}{h((\varphi_t))}\right]^{\frac{1-r}{r}} \qquad (4.4)$$

假设 c_0、h_0 分别表示初始的消费水平和农户家庭劳动力转移率，家庭的消费水平为：

$$c_t = c_0 \beta^{\frac{t}{r}} \left[\prod_{i=1}^{t}(1+r_i) \right]^{\frac{1}{r}} \left[\frac{h(\varphi_t)}{h((\varphi_0))} \right]^{\frac{1-r}{r}} \tag{4.5}$$

农户家庭的储蓄率为：

$$s_t = \frac{I_t - c_t}{I_t} = 1 - \frac{B}{I_t} \left[h(\varphi_t) \right]^{\frac{1-r}{r}} \tag{4.6}$$

其中 $B = c_0 \beta^{\frac{1}{r}} \left[\prod_{i=1}^{t}(1+r_i) \right]^{\frac{1}{r}} \left[g(h_0) \right]^{\frac{r-1}{r}}$，由（4.6）式求关于 h_t 的偏导数可得：

$$\frac{\partial s_t}{\partial \varphi_t} = \frac{Bh(\varphi_t)^{\frac{1}{r}}}{(I_t h_t)^2} \left[\frac{\partial I_t}{\partial \varphi_t} h_t + (1 - \frac{1}{r}) \frac{\partial h_t}{\partial \varphi_t} y_t \right] \tag{4.7}$$

一般而言，农村剩余劳动力转移是为了获取更高的收入，因此 $\frac{\partial I}{\partial \varphi} > 0$；根据假设 $\frac{\partial h}{\partial \varphi} > 0$，由式（4.7）可知 $\frac{\partial s}{\partial \varphi} > 0$，即农村家庭劳动力转移会提高农户家庭储蓄率。

4.3 计量模型与变量选择

4.3.1 计量模型设置

根据理论模型，本章构建的计量模型如下：

$$s_{it} = \alpha + \beta_1 lt_{it} + \gamma X + \eta_i + T_t + \varepsilon_{it} \tag{4.8}$$

i、j、t 分别表示 t 年 i 省第 j 个农户，S_{ijt} 表示农户家庭人均储蓄率，lt_{ijt} 表示农户家庭剩余劳动力转移，本研究主要通过劳动力转移虚拟变量和劳动力转移率来刻画，劳动力转移虚拟变量主要用于考察劳动力转移家庭与非劳动力转移家庭的储蓄率差异，劳动力转移率用于考察劳动力转移程度对储蓄率的影响。X 表示一系列控制变量，控制变量的选取主要依据持久收入–生命周期理论、预防性储蓄和竞争性储蓄假说等经典均衡消费储蓄理论，包括家庭人口年龄结构、成员教育和健康、家庭特征、收入、财富、社会资本、村庄性别比等；α 为常数项，λ_j 为不可观察的农户个体特征，t 为时间虚拟变量，ε_{it} 为随机扰动项。本研究关心的系数是 β_1，它度量劳动力转移对家庭储蓄率的影响。

4.3.2　变量选择

按照 Loayza et al.（2000）的做法，本研究被解释变量为农村家庭储蓄率，解释变量分为标准变量和非标准变量，标准变量由理论模型和经典消费储蓄均衡理论确定，非标准变量的选择主要考虑包含原理（万广华等，2003）。具体变量设置如下。

1.家庭储蓄率。储蓄率是本研究的被解释变量，调查中一般不直接涉及储蓄指标，即使涉及储蓄指标也常常因为被调查者低报，而影响数据质量。因此，为了得到较为合理可靠的储蓄率数据，在实证研究中主要有两种修正方法：一种是当收入大于消费时，用（收入－消费）/收入计算储蓄率；另一种是当收入小于消费时，用（收入－消费）/消费计算储蓄率（Butelmann & Gallego，2000；胡翠、许召元，2014）。但两种方法缺乏统一的计算口径，因此本研究借鉴万广华等（2003）的计算方法。所有涉及价值数据经过去通胀处理（2003 年=100）。

2.劳动力转移。劳动力转移是本章重点关注的解释变量，分别由劳动力转移虚拟变量和劳动力转移率两个变量表示。按照现行国家统计局的做法，本研究将劳动力年外出从业时间大于等于 180 天定义为劳动力转移。劳动力转移虚拟变量是一个二值变量，当农户家庭存在劳动力转移时取值 1，否则为 0；考虑到部分样本农户家庭没有劳动力，因此本研究采用农户家庭劳动力转移人口占家庭总人口的比重来计算劳动力转移率，之后用劳动力转移占家庭总劳动力的比重来替换劳动力转移率变量进行稳健性检验。

影响农户家庭储蓄行为的因素是复杂的，为了尽量减少因遗落变量导致的估计偏差，根据持久收入－生命周期理论假说，模型包括收入、年龄、年龄的平方、健康、总抚养比等因素，其中用实际人均纯收入的对数作为衡量收入的变量，方法同刘生龙（2016），用家庭成员的平均年龄及其平方来控制生命周期对储蓄的影响；老人抚养比用 65 岁及以上人口占家庭劳动人口的比重来代理，少儿抚养比用 0-14 岁人口占家庭劳动人口的比重来代理。根据预防性储蓄假说，在模型中还考虑了不确定性因素对储蓄率的影响，我们主要采用以下四个变量来衡量不确定性：第一，考虑拥有更多社会关系资本的农户家庭抵抗风险的能力更高，本研究将"是否国家干部户""是否村干部户"以及"是否党员户"来代理农户家庭的社会关系资本,只要农户家庭拥有其中一个特征,即取值为 1,否则为 0。第二,农户家庭的财富水平,财富是人们抵抗风险的一种有效形式(万广华等,2003),这里用人均住房面积表示,方法同彭小辉等(2013)。第三,家庭人口规模,农户家庭人口规模越大抵抗风险能力越强。按照竞争性储蓄理论假说(Wei & Zhang,2011),我们选择了村庄层面的男女性别比作为代理变量,用于控制竞争性储蓄对储蓄率的影响。第四,保险有助于降低收入的波动以及风险,因此,本研究还控制了人均保险支出。此外,本研究还控制了家庭成员的健康状况、教育支出等,农村医疗保障水平偏低,因病返贫时有发生,因此家庭成员的健康状况越差,其家庭储蓄率越低;教育支出仍然是中国家庭重要的支出之一,本研究用 16 岁及以上学生占比来控制教育支出对家庭储蓄率的影响,预期学生占比越高,储蓄率越低。为了尽量减少遗漏变量对模型的影响,本研究还在模型中加入农户家庭类型、家庭主要收入来源和家庭经营主业等家庭特征变量(具体各变量的定义和描述性统计指标详见表 4.1)。

表 4.1　各变量定义及描述性统计指标

变量名称	定义	全部样本	劳动力转移		不存在劳动力转移
			部分转移	全部转移	
储蓄率	(收入－消费)/收入	42.161 (32.093)	47.180 (28.177)	44.971 (60.051)	38.589 (34.085)
劳动力转移虚拟变量	农户是否存在劳动力转移,是 =1,否 =0	0.393 (0.488)	—	—	—
劳动力转移率	家庭劳动力转移人数/家庭总人口	14.842 (22.023)	35.856 (0.179)	57.231 (0.247)	—
老人抚养比	65 岁及以上人数/家庭劳动力人口	0.143 (0.293)	0.0537 (0.132)	0.121 (0.197)	0.199 (0.350)
少儿抚养比	0～14 岁小孩占家庭劳动力人口	0.107 (0.162)	0.128 (0.162)	0.123 (0.178)	0.095 (0.161)
人口规模	家庭总人口数	2.497 (1.532)	2.508 (1.611)	1.647 (1.426)	2.538 (1.471)
收入	实际人均收入的对数	8.337 (0.777)	8.430 (0.690)	8.734 (5.043)	8.261 (0.814)

变量名称	定义	全部样本	劳动力转移		不存在劳动力转移
			部分转移	全部转移	
财富	家庭人均住房面积对数	3.702（0.728）	3.719（0.712）	3.831（0.671）	3.687（0.738）
保险	人均保险支出（元）	69.069（233.194）	75.136（243.112）	84.049（150.806）	62.546（173.666）
健康状况	家庭成员平均健康状态，优=1，良=2，中=3，差=4，丧失劳动力=5	2.205（1.399）	2.444（1.601）	2.722（1.533）	2.052（1.241）
受教育程度	家庭成员的平均受教育时间（年）	6.260（2.202）	6.734（1.998）	6.120（1.988）	5.960（2.268）
年龄	家庭成员平均年龄	42.361（14.836）	35.965（9.048）	42.069（11.798）	46.194（16.382）
年龄平方	家庭成员年龄平方	2014.586（1427.344）	1375.348（721.024）	1908.869（969.850）	2402.248（1615.730）
16岁以上在校生	16岁以上在校生占家庭人口比重	0.216（0.509）	0.240（0.511）	0.015（0.148）	0.206（0.513）
国家干部户	国家干部户=1，其他=0	0.076（0.265）	0.063（0.244）	0.055（0.229）	0.086（0.280）
村干部户	村干部户=1，其他=0	0.045（0.207）	0.039（0.194）	0.029（0.168）	0.049（0.216）
党员户	党员户=1，其他=0	0.127（0.333）	0.123（0.328）	0.101（0.301）	0.127（0.333）
家庭类型	核心家庭=1，其他=0	1.469（0.911）	1.403（0.780）	1.702（1.122）	1.494（0.961）
家庭经营主业	农业=1，其他=0	1.724（2.057）	1.818（2.173）	2.081（2.600）	1.657（1.959）
家庭主要收入来源	家庭经营为主=1，其他=0	0.542（0.498）	0.468（0.499）	0.372（0.484）	0.595（0.491）

注：表中涉及价值数据均经过农村居民消费价格指数调整（2003年=100）；括号为标准差。

4.3.3 描述性统计分析

从劳动力转移分布看，总体上，存在劳动力转移的农户样本有 5558 个，占全部样本的 39.31%，不存在劳动力转移的农户样本有 8580 个，占全部样本的 60.69%。在劳动力转移样本中，劳动力部分转移的有 4743 个样本，占劳动力转移样本的 85.34%，全部劳动力转移的有 815 个样本，占劳动力转移样本的 14.66%。可见，在山西农村，农户家庭劳动力是以个体单独转移为主，劳动力全部转移的样本不多，从这个角度看农村劳动力举家迁徙之路还很长，农民工市民化的任务任重道远。从农户家庭劳动力转移人数分布上看，存在 1 个劳动力转移的农户样本占总体样本的 65.85%，存在 2 个劳动力转移的农户样本占 28.25%，存在 3 个及以上的占 5.90%。可见，在存在劳动力转移的农户家庭样本中，存在 1 ～ 2 个劳动力转移的样本占主体地位，尤其是存在 1 个劳动力转移的家庭样本占据绝对的主体地位[①]。

从劳动力转移与家庭储蓄率的关系上看，总体上在 2003—2017 年的整个观察期，不存在劳动力转移的农户家庭储蓄率为 38.59%，存在部分劳动力转移的家庭储蓄率为 46.22%，全部转移的家庭储蓄率为 33.33%。由此可见，部分劳动力转移家庭的储蓄率要显著高于不存在劳动力转移的农户家庭，同时也高于劳动力全部转移家庭。值得注意的是，在转移劳动力样本中，全部转移的家庭率要显著较部分转移的家庭储蓄率低，两者相差 12.89 个百分点。这一统计数据背后的原因可能是：随着家庭劳动力全部转移到城镇就业，其家庭收入已经完全脱离了农业领域，融入城市的可能性更高，或者未来永久迁徙城镇，这会导致这部分农民工与城镇居民生活消费方式趋同，面临更多的消费支出，如教育、住房等，故其储蓄率显著低于部分劳动力转移家庭。

从时间变化趋势上看（图 4.1），存在全部劳动力转移的农户家庭储蓄率呈现明显的波动上升趋势，由 2003 年的 26.56% 上升至 2017 年的 32.74%，整个观察期上升了 6 个多百分点。不存在劳动力转移的农户家庭储蓄率在 2015 年前总体上也呈波动上升趋势，由 2003 年的 35.00% 上升至 2014 年的 45.71%，达

---

① 数据均来自山西农村固定观察点农户跟踪观察调查数据，经作者整理而得。

到观察期的最大值，随后从 2016 年开始出现两年大幅下降，到 2017 年降至 34.10%，降幅 10 多个百分点。劳动力全部转移家庭的储蓄率与不存在劳动力转移的家庭储蓄率走势极为相似。

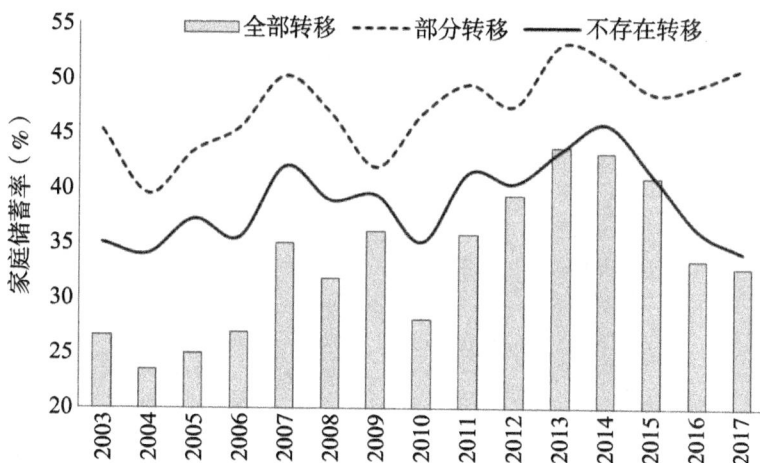

图 4.1　劳动力转移与家庭储蓄率及其变化

4.4　实证分析与结果

4.4.1　劳动力转移对家庭储蓄率的影响

面板数据的回归主要有固定效应和随机效应两种，Hausman 检验 p 值小于 0.001，强烈拒绝原假设，表明应该使用固定效应模型，考虑到时间因素的影响，本章采用双向固定效应进行回归。同时，由于同一村庄数据之间可能存在一定的相关性（程名望等，2016），因此，所有回归模型均采用聚类稳健性标准误进行回归。为了观察主要解释变量及控制变量与被解释变量之间的变化关系，我们采用逐渐加入控制变量的方法进行回归。

从表 4.2 回归估计结果看，劳动力转移虚拟变量对家庭储蓄率的影响显著为正，这与理论模型预测一致。从模型 1 到模型 5，随着控制变量的增加，模型拟合优度不断增加，核心解释变量的系数保持相对稳定，且均在 1% 的水平上显著，说明模型设计较合理。以模型 5 为例，相比较不存在劳动力转移的农村居民家庭，在控制收入的情况下，劳动力转移家庭的储蓄率要高 3.91%。这进一步说明，农村劳动力转移会显著提高农村家庭的储蓄率，在一定程度也说明劳动力转移规模的不断上升是21世纪以来推动山西农村家庭储蓄率不断上升的重要原因。

表 4.2　劳动力转移对家庭储蓄率的影响

解释变量		模型 1	模型 2	模型 3	模型 4	模型 5
劳动力转移虚拟变量		3.855*** (0740)	3.711*** （0.783）	3.608*** （0.785）	4.387*** （0.786）	3.914*** （0.769）
收入对数		24.217*** (0.671)	27.116*** （0.729）	27.421*** （0.734）	27.765*** （0.748）	27.308*** （0.756）
财富			−9.050*** （0.743）	−8.954*** （0.742）	−7.793*** （0.746）	−7.141*** （1.004）
保险				−0.010*** （0.002）	−0.010*** （0.002）	−0.010*** （0.002）
年龄结构	年龄				−0.102 （0.300）	−0.389 （0.298）
	年龄平方				0.003 （0.003）	0.004 （0.003）
	老龄化				−4.336** （2.231）	−2.653 （2.234）
	少儿比重				26.291*** （3.690）	9.172** （4.037）
家庭特征	社会资本				−2.541 （1.870）	−2.229 （1.804）
	16 岁以上在校生比重					−6.469*** （0.912）
	健康状况					−0.221 （0.401）

续表

解释变量		模型 1	模型 2	模型 3	模型 4	模型 5
家庭特征	受教育程度					−0.941***（0.329）
	家庭人口规模					−0.082（0.531）
	家庭类型					0.473（0.663）
	家庭经营主业					−0.250（0.266）
	家庭收入来源					0.115（1.188）
常数项		−149.605***（5.299）	−139.983***（5.915）	−142.084***（5.941）	−154.158***（8.630）	−133.699***（9.947）
时间和个体固定		YES	YES	YES	YES	YES
F 统计量（p 值）		95.810（p<0.001）	94.390 P<0.001	90.260 P<0.001	73.950 P<0.001	61.780 P<0.001
R^2（组间）		0.230	0.248	0.252	0.261	0.269
观察样本数		13330	11756	11756	11756	11700

注：回归软件为 Stata 14.0，括号中为稳健性标准误。*、**、***分别表示 10%、5%、1%水平上显著。

4.4.2　劳动力转移率对家庭储蓄率的影响

前文虽然估计了劳动力转移家庭与不存在劳动力转移家庭的储蓄率差异，发现存在劳动力转移家庭的储蓄率显著高于不存在劳动力转移家庭，且家庭储蓄率随家庭劳动力转移规模而上升，但这是劳动力转移绝对人数对家庭储蓄率的影响，还无法知道在劳动力转移家庭样本中劳动力转移相对数量对储蓄率的影响。为了进一步考察农村家庭劳动力转移对家庭储蓄率的影响，我们将农村家庭劳动力转移变量定量化处理，考察在劳动力转移的农户子样本中，农村家庭劳动力转移率对储蓄率的影响。

表 4.3　劳动力转移率对储蓄率的影响

解释变量		模型 1	模型 2	模型 3	模型 4
劳动力转移率		0.065** （0.033）	0.124*** （0.044）	0.160*** （0.045）	0.146*** （0.047）
收入 对数		20.034*** (1.214)	23.253*** （1.434）	23.743*** （1.484）	23.475*** （1.480）
财富			−9.405*** （1.170）	−8.861*** （1.456）	−8.826*** （1.680）
保险			−0.012*** （0.002）	−0.012*** （0.002）	−0.012*** （0.002）
年龄结构	年龄			−1.063** （0.535）	−0.972* （0.524）
	年龄 平方			0.018*** （0.006）	0.014** （0.006）
	老人比重			−17.492*** （6.756）	−14.501** （6.689）
	少儿比重			28.425*** （5.854）	14.754** （6.689）
家庭特征	社会资本				−0.605 （3.201）
	16 岁以上 在校生比重				−3.507*** （1.376）
	健康状况				0.401 （0.596）
	受教育 程度				−1.538** （0.689）
	家庭人口 规模				−0.278 （0.769）
	家庭类型				−0.451 （1.179）
	家庭经营 主业				−0.056 （0.345）
	家庭收入 来源				1.247 （2.074）
常数项		−115.507*** (9.465)	−109.049*** (11.447)	−105.653*** （15.769）	−89.281*** （17.221）

续表

解释变量	模型 1	模型 2	模型 3	模型 4
时间和个体固定	YES	YES	YES	YES
F 统计量 （p 值）	27.010 （p<0.001）	25.760 p<0.001	23.890 p<0.001	18.840 P<0.001
R^2（组间）	0.152	0.163	0.181	0.185
观察样本数	5295	4454	4454	4436

注：括号中为稳健性标准误。*、**、***分别表示 10%、5%、1% 水平上显著。

　　根据 Hausman 检验，p 值小于 0.01，因此，采用面板固定效应回归估计是合适的。从表 4.3 模型 1～模型 4 可以看出，农户家庭劳动力转移率对储蓄率的影响显著为正，且均在 1% 的水平上显著。以模型 4 为例，农户家庭劳动力转移率提高 10%，会导致家庭储蓄率增加 1.46 个百分点。这更进一步表明，城乡"二元"结构导致不完全不彻底的农村劳动力转移是提高山西农村家庭储蓄率的主要原因，也是导致山西农村居民家庭储蓄率持续走高的主要推动因素。

　　在其他控制变量中，继续以表 4.3 模型 4 为例，人均纯收入对储蓄率有显著正向影响，这符合绝对收入、相对收入等经典消费储蓄理论的预测。但以人均住房面积来代表的财富对储蓄率的影响为负，且显著。这主要是因为一方面农村家庭住房面积越大，需要投入的资金也越大，故会减少家庭储蓄；另一方面农户家庭将更多的储蓄用于改善居住环境，一定程度上会抑制或挤出其他有利于收入增长的投资，进而影响家庭未来收入和储蓄的增长。根据预防性储蓄理论预测，风险和不确定性会显著提高个体的预防性储蓄动机，随着中国农村保险事业的发展，尤其是"新农合"保险的普及，保险有助于降低农村居民面临的风险。本章的实证研究支持这一结论，即保险支出与家庭储蓄率呈显著负相关关系，保险支出增加 100 元，会使家庭储蓄率下降 1.20 个百分点，从这个角度看，建立完善的农村社会保障体系，让农民"老有所养、病有所医"有助于降低农村家庭的储蓄率，让农民"敢消费、愿消费"是刺激消费、扩大内需的重要举措。年龄对家庭储蓄率有负向影响，但年龄的平方有显著正向影响，年龄与储蓄率的关系呈典型的"U"型，这与万广华等（2003）的结论一致，但与经典的生命周期理论预测不一致。老人抚养比变量的系数显著为负，但少儿抚养比对储蓄率的影响显著为正，且两者系数旗鼓相当，山西农村老龄化会显著降低家庭储蓄率，但少儿比重有助于提高家庭储蓄率，如为子女教育而储蓄以及为子女未来婚嫁而储蓄等，这与中国传统文化有关，中国父母存在较高的遗赠动机。但从老年抚养比和少儿抚养比系数的"旗鼓相当"上看，在农村家庭内部它们对家庭储蓄的影响可能会相互抵消。从家庭特征看，社会关系、家庭人口规模和家庭成员健康状况以及家庭收入来源、经营主业以及家庭类型等均对储蓄率没有显著影响，但 16 岁及以上在校生占比对储蓄率的影响显著为负，且系数较大，这符合中国国情，因为当下无论山西还是全国，无论城市还是农村，教育支出都是家庭的主要支出，特别是非九年义务教育支出。家庭成员的受教育程度对家庭储蓄率有显著负向影响，即家庭成员平均受教育年限每提高 1 年，会使家庭储蓄率降低 1.54 个百分点，这说明教育有助于显著降低家庭储蓄率，因为受教育程度与获取就业机会、收入等正相关，有助于减少不确定性，进而减少预防性储蓄动机。

4.4.3 劳动力转移对家庭储蓄率的异质性影响

从山西农村劳动力转移人数的分布看，绝大多数家庭劳动力转移人数在 1 ～ 2 个，其中 1 和 2 个两者合计占到有劳动力转移家庭的 94.10%，少数为 3 个及以上。因此，这里仅对存在 1、2 和 3 个劳动力转移对家庭储蓄率的异质性影响进行分析。表 4.4 为异质性回归估计结果。从表 4.4 中模型 1 可以看出，只存在 1 个劳动力转移的农村家庭储蓄率较不存在劳动力转移的农村家庭样本高 3.17 个百分点；模型 2 表示存在 2 个劳动力转移的农村家庭储蓄率较不存在劳动力转移的农村家庭高 3.87 个百分点；模型 3 表示存在 3 个劳动力转移的农村家庭储蓄率较不存在劳动力转移的农村家庭高出 8.50 个百分点。这表明劳动力转移对家庭储蓄率的影响存在显著异质性，农村家庭储蓄率与劳动力转移规模正相关，这初步解释了进入 21 世纪以来，山西农村家庭储蓄率不断上升与农村劳动力转移不断增加的事实。可见，山西农村家庭劳动力转移是导致农村家庭储蓄上升的主要原因。究其原因在于城乡"二元"户籍下农村劳动力转移大多数是"不完全不彻底"的，举家迁徙的并不多，2013 年举家外出的农民工只占

26.94%（2013 年农民工监测调查报告），相关研究表明即使流入地政府能够一视同仁解决农民工市民化问题，仍有 2/3 的农民工不打算在城市定居（黄祖辉、胡伟斌，2019），况且现阶段农民工在城镇无法同等享受本地市民待遇，因此转移劳动力会有更高的预防性储蓄动机（王建英等，2018），所以在控制其他影响因素的情况，农村家庭劳动力不完全不彻底转移会显著提高家庭储蓄率。

表 4.4　劳动力转移对家庭储蓄率的异质性影响

解释变量		模型 1（1 个）	模型 2（2 个）	模型 3（3 个）
劳动力转移虚拟变量		3.168***（0.839）	3.865***（1.477）	8.498***（2.828）
收入对数		27.961***（0.810）	27.703***（0.862）	28.700***（0.910）
财富		−6.776***（1.088）	−7.893***（1.253）	−7.570***（1.329）
保险		−0.011***（0.002）	−0.012***（0.003）	−0.014***（0.003）
年龄结构	年龄	−0.486（0.324）	−0.254（0.352）	−0.406（0.391）
	年龄平方	0.005（0.003）	0.002（0.004）	0.004（0.004）
	老人比重	−1.894（2.300）	−2.343（2.411）	−2.266（2.449）
	少儿比重	8.677**（4.277）	11.616**（4.940）	9.256*（5.219）
家庭特征	社会资本	−3.148*（1.855）	−3.398（2.218）	−5.206**（2.371）
	16 岁以上在校生比重	−7.043***（1.012）	−5.974***（1.097）	−6.266***（1.222）
	健康状况	−0.657（0.450）	−0.045（0.503）	0.019（0.539）
	受教育程度	−0.621*（0.351）	−0.889**（0.353）	−0.703*（0.376）
	家庭人口规模	0.243（0.603）	−0.411（0.682）	−0.113（0.753）
	家庭类型	0.685（0.703）	0.338（0.792）	0.596（0.852）

解释变量		模型1 （1个）	模型2 （2个）	模型3 （3个）
	家庭经营 主业	−0.179 （0.305）	−0.463 （0.380）	−0.359 （0.419）
	家庭收入 来源	0.096 （1.266）	−0.077 （1.422）	−0.474 （1.510）
常数项		−139.726*** (10.921)	−135.597*** (12.109)	−141.793*** （13.294）
时间和个体固定		YES	YES	YES
F统计量 （p值）		55.930 （p<0.001）	46.110 p<0.001	44.650 p<0.001
R^2（组间）		0.283	0.275	0.295
观察样本数		10243	8508	7477

注：括号中为稳健性标准误。*、**、***分别表示10%、5%、1%水平上显著。

4.4.4 劳动力转移、户籍制度改革与家庭储蓄率

进入21世纪以来，中国政府明显加速了城乡"二元"户籍制度改革进程，这可以从中国政府出台的户籍制度改革文件得到印证。2001年《国务院批转公安部关于推进小城镇户籍管理制度改革意见的通知》中规定小城镇常住户口的人员不再实行计划指标管理，这标志着小城镇户籍制度改革全面推进。2013年出台《中共中央关于全面深化改革若干重大问题的决定》，该决定明确指出"要创新人口管理，加快户籍制度改革，全面放开建制镇和小城市落户限制，有序放开中等城市落户限制，合理确定大城市落户条件，严格控制特大城市人口规模"。2014年，国务院印发《关于进一步推进户籍制度改革的意见》（简称"意见"），该《意见》提出要促进有能力在城镇稳定就业和生活的常住人口有序实现市民化，稳步推进城镇基本公共服务常住人口全覆盖。为了考察城乡"二元"户籍制度改革背景下劳动力转移对家庭储蓄率的影响，这里我们借助分段函数的思想，分析2013年前后在户籍制度改革背景下劳动力转移对储蓄率的影响。基于计量模型设置如下：

$$s_{it} = \alpha + \beta_1 lt_{it} + \beta_2 time_{2013} + \beta_3 time_{2013} * lt_{it} + \beta X + \varepsilon_{it} \tag{4.9}$$

$time_{2013}$ 表示户籍制度改革，这里为虚拟变量，在 2013 年之前为 0，2013 年及之后的年份为 1。我们关心的系数是 β_3，即户籍制度改革虚拟变量与劳动力转移率的交叉变量，用于考察户籍制度改革下劳动力转移对家庭储蓄率的影响。其他变量定义如式（4.8）。

从表 4.5 可以看出，劳动力转移率与户籍制度改革的交叉变量的系数为正，这表明 2013 年加快户籍制度改革强化了劳动力转移家庭的储蓄行为。原因可能是两个方面：一方面，随着中国城镇化进程的深化，户籍制度等阻碍城乡劳动力转移的体制性障碍逐渐得到放松，农民工市民化得到政府的大力支持，转移劳动力对于未来永久迁徙城镇形成一定的预期，因此，为了在未来能够更好地融入城镇，现阶段进行更多储蓄为未来在城镇安居乐业奠定基础。另一方面，虽然户籍管制逐渐放松，但在现阶段城镇基本公共服务全覆盖常住人口还存在严重供给不足，因此对于未来预期在城镇安居乐业的农民工而言，进行更多的储蓄是对城镇基本公共服务供给不足的有力补充。这充分反映了劳动力转移家庭具有较高自我防范和自我保险的意识。

表 4.5　劳动力转移、户籍制度改革与家庭储蓄率

解释变量	模型 1
劳动力转移率	0.093* （0.052）
户籍改革虚拟变量	−15.852*** （3.306）
户籍改革 * 劳动力转移	0.126** （0.057）
其他控制变量	控制
F 统计量 （p 值）	18.710 （p<0.001）
R^2（组间）	0.187
观察样本数	4436

注：括号中为稳健性标准误。*、**、***分别表示10%、5%、1%水平上显著。

4.5　稳健性检验和内生性讨论

为了进一步检验模型的稳定性，本章采用替换变量、分位数回归以及解决内生性问题的工具变量等方法进一步对模型的稳健性进行检验。我们通过在原

模型的基础上替换部分解释变量来进一步检验模型的可靠性。表 4.6 中的模型 1 用农村家庭劳动力转移人数占家庭劳动力总数的比例来替换前文的劳动力转移率（家庭劳动力转移人数占家庭人口比重），回归结果仍然表明劳动力转移率对家庭储蓄率有显著正向影响。

在城乡"二元"结构下劳动力转移会提高家庭储蓄，而家庭储蓄越多、积累的物质资本也越多，会将更多劳动力配置到农村农业领域外，转移到城镇的可能性也越高，即考虑到劳动力转移与家庭储蓄率可能存在相互影响。因此，模型可能存在内生性问题。本研究使用劳动力转移率的滞后一期作为劳动力转移率的工具变量，因为滞后一期的劳动力转移与当期劳动力转移率相关，但滞后一期的劳动力转移率不会影响到当期的家庭储蓄率。工具变量选取的合理性检验，首先是不可识别检验，本研究选取了 LM 统计指标，其值为 115.23，p 值小于 0.01，强烈拒绝"方程不可识别"的原假设，即方程可识别；其次是弱识别检验，我们选取了 Cragg-Donald Wald 秩检验的 F 检验法，其值为 118.32。根据经验，F 值大于 10 即可拒绝原假设（工具变量与内生变量相关性较弱），因此本研究工具变量与内生变量存在较强的相关性。采用面板工具变量回归（2SLS）结果（表 4.6 模型 5）显示，劳动力转移率对家庭储蓄率的影响仍然为正，且在 10% 的水平上显著。

在普通回归模型中，我们主要考虑的是解释变量对被解释变量的平均影响，但普通回归结果容易受极端值的影响，且无法反映自变量对因变量影响的全貌。因此，本章进一步采用 Koenker 和 Bassett（1978）提出的分位数回归模型考察劳动力转移对家庭储蓄率的影响。本章主要汇报了劳动力转移率对家庭储蓄率影响在 0.25、0.50、0.75 三个分位点上的回归结果（表 4.6），说明劳动力转移率对家庭储蓄率在不同分位点上都具有显著的正向影响，并且随分位数的提高，劳动力转移率的分位数回归系数呈递减趋势，这表明劳动力转移对家庭储蓄率影响的边际贡献随分位数的提高而下降。在家庭储蓄率较低时，劳动力转移的影响较大；而当储蓄率较高时，劳动力转移的影响较小。因为当家庭储蓄率较高时，储蓄率提高的空间有限，劳动力转移对储蓄率的影响变小。这与崔菲菲等（2019）基于全国农户数据实证分析得到的结论一致。

表 4.6 替换变量、分位数回归和工具变量回归结果

解释变量	替换变量	分位数回归			工具变量
	模型 1	模型 2 （0.25）	模型 3 （0.50）	模型 4 （0.75）	模型 5 （2SLS）
劳动力 转移率	0.146*** (0.047)	0.126** （0.053）	0.097*** （0.025）	0.063*** （0.022）	0.357* （0.210）
控制变量	YES	YES	YES	YES	YES
R^2/Pseudo R^2	0.1854	0.140	0.152	0.134	—
样本数	4436	4436			3992

注：限于篇幅，其他控制变量未作报告；*、**、***分别表示10%、5%、1%水平上显著。

4.6 本章小结

本章基于新家庭经济学理论从家庭效用最大化视角出发构建了农村劳动力转移与农村家庭储蓄率的理论模型，并运用山西省农村固定观察点连续跟踪调查的农户数据和村级数据进行了实证分析，结果发现：（1）总体上，虽然农村剩余劳动力转移提高了家庭储蓄率，但"不完全不彻底"的劳动力转移才是导致农村家庭储蓄率增高的主要原因；（2）在"二元"结构下劳动力转移对家庭储蓄率的影响存在异质性，家庭储蓄率随劳动力转移规模的增加而上升，分位数回归结果显示劳动力转移对家庭储蓄率影响的边际贡献随分位数的提高而下降。本研究表明，在城乡"二元"结构下，受限于户籍等体制性障碍，"不完全不彻底"的劳动力转移才是导致山西农村家庭储蓄率提高的重要原因。由此，随着《2019 年新型城镇化建设重点任务》的落地实施，户籍制度限制已不再成为劳动力转移市民化的最大障碍，但让农民工享受市民化待遇的任务仍然任重道远。因此，一方面让举家迁徙的农民工市民化，享受市民化待遇；另一方面积极推动农村产权制度改革，让举家迁徙的农民工融入城市无后顾之忧，只有城镇和农村双管齐下才有助于降低农村劳动力转移对家庭储蓄率的影响，这对于农民工市民化和扩大内需、顺利实现由投资和出口导向向内需驱动经济增长平稳过渡具有重要现实意义。

第5章　劳动力暂时性转移与家庭储蓄率

上一章基于家庭消费效用最大化视角从理论上构建了城乡"二元"结构下农村家庭劳动力转移与家庭消费储蓄行为之间的理论模型，并用农村固定观察点微观农户跟踪调查数据实证分析了农村家庭劳动力转移对储蓄率的影响，发现不完全不彻底的劳动力转移是家庭储蓄率上升的重要原因。本章在构建"二元"经济结构下的两期世代交叠模型的基础上，继续利用山西省固定观察点微观农户跟踪调查数据实证分析劳动力暂时性转移对家庭储蓄行为的影响，以期找到农村劳动力暂时性转移对农村家庭高储蓄率的影响。

5.1　前言

中国居民家庭的高储蓄率问题引起了学术界的广泛讨论和关注，改革开放以来，中国拥有世界上最高的国民储蓄率，在 20 世纪 80 年代中国储蓄占 GDP 的比重为 35%，到 20 世纪 90 年代超过 40%，进入 21 世纪的 2000 年达到了 63.30%，之后有所回落，但到 2017 年仍然高达 53.62%（历年中国统计年鉴）。中国国民高储蓄率背后的原因受到了广泛讨论，有基于儒家文化视角（Franke et al.，1991）、储蓄习惯（Carroll et al.，2000）、生命周期（Modigliani and Cao，2004）、预防性储蓄（Chamon and Prasad，2008）、竞争性储蓄（Wei and Zhang，2009）以及持续上升的房价（李江一，2017；钟宁桦等，2018）等。上述研究文献为我们理解中国高储蓄率问题提供丰富的视角，但也忽视了自改革开放以来以城市和工业为导向的经济增长模式导致的城乡"二元"结构问题。随着市场经济的进一步发展，城乡二元结构问题日益严重。中国的城乡二元结构不仅关系到资源的部门和地理上的分配，而且关系到资源的跨时期分配，它可能是中国高储蓄率和高速增长的一个结构性因素（Vendryes，2011）。20 世纪 80 年代以来，城市开始实施经济改革，劳动需求大增，随着户籍制度管制放松，大量农村剩余劳动力进城务工，由此形成的农民工群体是中国城乡二元结构下的特殊产物。根据《农民工监测调查报告》，2018 年中国农民工人数达到了 2.88 亿人，占总人口的 20.67%，如果加上农民工背后的家庭人口，这一比例会更高，可能会翻倍。因此，忽视城乡"二元"结构问题探讨中国居民储蓄行为缺乏客观性和真实性。在城乡"二元"分治下，农民工长期徘徊于城市与农村之间，形成了独特的"候鸟式"迁徙，而事实上，他们和农村居民以及城镇居民面临不一样的预算约束，其家庭消费储蓄决策行为存在显著差异（Skinner，1993；Meng et al.，2016）。近年来，虽然有些研究，如 Chen, Lu 和 Zhong（2015）、Wang 和 Fang（2015）、Dreger et al.（2015）以及 Fang 和 Sakellariou（2016）等开始关注城乡"二元"户籍对消费的重要影响，但"二元"结构对暂时性迁徙的农村劳动力家庭储蓄行为的影响还没有得到充分解释。农民工暂时性迁徙是否促进了中国农村居民家庭储蓄率？其影响家庭储蓄行为的机制如何？

　　本章通过构建暂时性转移对储蓄行为影响的理论模型，采用山西农村固定观察点农户跟踪调查数据，实证分析农村劳动力暂时性转移对家庭储蓄行为的影响，并对结论进行稳健性检验。发现：（1）理论模型推导结果显示，农民工返乡可能性与家庭储蓄率正相关；（2）迁徙目的地接纳农民工的程度越低，农民工暂时性迁徙返乡机会或可能性越高，家庭储蓄率也越高；（3）城乡"二元"结构是影响农户家庭储蓄率上升的重要原因。

5.2　暂时性转移促进储蓄的原因

5.2.1　国际移民

　　在国际上，学术界对移民家庭储蓄行为的研究较早，也取得了丰富的研究成果，主要侧重于研究移民（包括暂时性移民和永久性移民）和本土居民之间的储蓄差异及其原因。大量的经验研究表明暂时性移民的消费储蓄行为与本地居民存在显著差异（Dustmann，1997；Amuedo-Dorantes and Pozo，2001；Bauer and Sinning，2011；Dustmann and Görlach，2015），但国际移民与中国农民工的储蓄行为是否具有共性值得思考。现有研究表明，劳动力转移家庭与农村居民家庭或城镇本地居民的储蓄行为差异可能有多种原因，Galor 和 Stark（1990）基于世代交替模型对跨国移民储蓄行为进行研究发现，回国可能性越高的暂时性移民较永久性移民具有较高的储蓄倾向。Bauer 和 Sinning（2011）对德国移民和本土居民的储蓄率分析发现，总体上，相比较本地居民，永久移民具有较低的储蓄率，而暂时性移民具有较高的储蓄率。他们认为原因可能是移民在东道国劳动力市场上面临更多的收入不确定，因而需要更多的预防性储蓄。有的研究发现东道国和母国物价差异也会影响移民的储蓄行为。Djajic 和 Milbourne (1988) 及 Djajic（1989）的研究发现，当东道国的物价水平高于母国时，暂时性移民会储蓄更多并汇回母国消费，因此，暂时性移民比本国居民和永久移民具有更高的储蓄率。此外，移民对未来预期以及移民目的城市在接受移民方面的政策、包容性等，都可能影响到移民的储蓄行为。Shamsuddin 和 DeVoretz（1998）的研究发现，移民可能在获取东道国社会福利方面存在制度和政策上的限制，这可能对移民和本国居民的财富积累产生不同的约束，也导致移民具有更高的储蓄倾向。国际移民储蓄行为的研究虽不同于农村劳动力转移的储蓄行为研究，但在一定程度上，移民和农村转移劳动力具有一定的相似性，他们与本国或本地居民都面临不同的预算约束，享受的社会保障和福利方面都存在显著差异，因此具有不同的消费储蓄行为。然而，也有相关研究发现，参与跨国劳动力市场可以实现多样化就业来分散风险，因而移民的预防性储蓄低于本国居民（Dustmann，1997；Amuedo-Dorantes and Pozo，2001）。

5.2.2 国内劳动力转移

中国是一个典型的城乡"二元"结构。改革开放以来，农业剩余劳动能力不断转移，为中国经济增长提供了持续的"人口红利"，但"二元"经济结构下的现实问题也进一步显现（蔡雪雄、邵晓，2008），如"二元"户籍制度造成了大量"人户分离"现象，以及城镇化和工业化进程不匹配，剩余劳动力不能有效融入到现代部门，而在城乡之间"游移"（周燕、佟家栋，2012）。近年来，随着中国加速推进城镇化进程，农村劳动力转移加速，学术界开始关注城乡"二元"结构下劳动力转移与家庭储蓄行为的关系。在 Lewis（1954）的"二元"经济模型中，相对于农业部门，随着非农部门的发展壮大，其社会总体储蓄率会随之上升。樊纲、吕焱（2013），张勋等（2014）和冯明（2017）基于"二元"经济结构，分析了农村劳动力转移与家庭储蓄率的关系，发现劳动力转移是家庭储蓄率高的主要原因。虽然现有文献从理论上解释了农村劳动力转移对储蓄率的正向影响，但遗憾的是并没有解释背后的原因以及影响机制，且多基于宏观加总数据的分析，缺乏长期微观数据支持（崔菲菲等，2019），以至于实证分析结论缺乏一致性。刘生龙等（2016）基于省级数据的实证分析发现新生代农民工对储蓄率的影响为负，谢勇、沈坤荣（2011）利用 CGSS2006 的数据实证分析也发现农村劳动力转移就业会显著降低农村居民储蓄率，这几乎与樊纲、吕焱（2013），张勋等（2014）和冯明（2017）的理论模型预期结果相反。

农村劳动力转移为何会提高家庭储蓄动机，主要有以下三个方面的原因：第一，源于劳动力转移动机导致的储蓄偏好差异，尤其是暂时性和永久性迁徙的差异。Galor 和 Stark（1990）将回国意愿和未来预期收入相结合，发现回国意愿越高则移民的储蓄率越高；Bauer 和 Sinning（2011），Dustmann 和 Görlach(2015)的研究也表明暂时性移民会增加储蓄率，这一结论进一步得到了 Sinning（2011）的支持，即暂时性迁徙的移民家庭储蓄率要高于永久性迁徙家庭，回国计划会显著改变移民在东道国的消费储蓄行为。在中国，二元结构和回迁意愿导致了中国居民家庭高储蓄率（谭静等，2014），这与国际上暂时性移民的储蓄行为一致。城乡"二元"结构导致暂时性迁徙，暂时性迁徙容易导致流动劳动力在价值观和消费偏好上长期保持与本地城镇居民之间的差异，促使流动劳动力将其暂时性收入更多用于储蓄（Chen，2018）。第二，劳动力转移家庭与城镇居民和农村家庭的储蓄模式和财富持有状态的差异可能是由其潜在的收入，以及面临的社会经济环境等差异引起的，尤其是获取社会福利方面的差异，如转移劳动力与本地居民在获取本地教育、医疗和社保等社会保障和福利方面的差异。劳动力转移家庭可能存在更强的预防性储蓄动机，转移劳动力虽在城镇就业，但无法享受城市居民在教育、医疗、社保、就业等方面的社会福利，这种歧视导致转移劳动力的预防储蓄动机增加。陈斌开等（2010）的研究发现，农民工不能享受城镇居民的社会福利,其家庭储蓄率可能更高,而边际消费倾向更低,较城镇户籍人口低 14.60 个百分点。第三,劳动力转移家庭与农村家庭在养老安排方面存在差异,如果流动劳动力期望当他们老了,他们的后代能够赡养他们,那他们会将更多的收入用于培养他们的后代,而不是为养老而储蓄。

综上,学术界已经意识到城乡二元结构对劳动力转移及其家庭储蓄行为的影响,但对中国农村劳动力暂时性转移对家庭储蓄行为的影响以及背后原因的分析还不多,谭静等(2014)是少有的关注"二元"结构、回迁意愿与储蓄率的文献,但该文以转移劳动力"短期有无返乡计划"(虚拟变量)作为回迁意愿的代理变量,无法定量化探讨返乡可能性对家庭储蓄率的影响,一方面主观上短期的返乡计划无法充分表示转移劳动力在面临城乡二元结构下的客观现实,另一方面主观上的返乡计划较容易变化,可能无法衡量真实情况。根据经典的推拉理论,农村劳动力转移是农村城市推拉力共同作用的结果(托达罗,1969)。从中国城镇化进程看,城市通过户籍等制度性障碍将转移劳动力(农民工)排除在城市社会保障和福利体制之外是导致转移劳动力"候鸟式"迁徙的主要原因。因此,劳动力是否暂时性或永久性转移更大程度上取决于城市的吸引力(孔凡保、孔子云,2016)和接纳程度,如落户条件、城市包容性、归属感、文化融合以及获取城市社会保障和福利等客观因素,而不是主观上的是否有回迁意愿或计划。

5.3 理论模型与研究假设

5.3.1 生产

假设生产规模不变的生产函数,只采用资本和劳动用于生产一种商品:

$$Y_t = F(K_t, L_t) \equiv L_t f(k_t), k_t = K_t / L_t \qquad (5.1)$$

式(5.1)中 K 为资本,L 为劳动,k 为人均资本。生产函数 $f(k)$ 为严格凹函数且单调递增。生产者面临一个完全竞争的市场环境,因此生产者最优化问题的条件为:

$$r_t = f'(k_t) \qquad (5.2)$$

$$w_t = f(k_t) - f'(k_t)k_t \qquad (5.3)$$

式（5.2）、（5.3）中的 w 和 r 分别为劳动工资和利率。文书主要考察城乡"二元"结构对劳动力转移的影响，因此为了简化问题，假定资本在城乡之间可流动，即城乡资本回报率相同（$r_t = \bar{r}$），但在二元结构下，劳动力市场存在严重的城乡分割，假定农民工与市民面临两个分割的完全竞争市场。因此，对于个体而言，w 和 r 均为外生给定。$w_t = \bar{w}_r$，$\bar{w}_r$ 为农村的均衡工资水平；$w_t = \bar{w}_u$，$\bar{w}_u$ 为城市的均衡工资水平，并且城市工资水平高于农村，即 $\bar{w}_u > \bar{w}_r$。

5.3.2　个体选择

借鉴 Galor 和 Stark（1990）及 Dustmann 和 Mestres（2010）的研究，构建二元经济下的两期世代交叠模型。假设存在一个两期转移的农村劳动力，第 1 期农村劳动力流出进入城镇非农部门工作，领取工资 $\bar{w}_u$，同时将消费之外的工资收入用于储蓄。在二元结构下，从农村转移出来的劳动力常被人们称为"农民工"，农民工是中国城乡二元结构下的特殊产物，他们常年处于暂时性迁徙状态，即存在返乡的可能或计划，同时也存在继续留在城市非农部门工作的可能。在二元结构下，尽管农民工市民化还受到农村土地产权退出和持有土地（Meng and Zhao，2018）以及主观上的"告老还乡"的影响，但农民工是否返乡的关键因素取决于农民工转移城市对其接受度，包括落户限制以及获取城市社会保障和福利（包括教育、医疗、社保等）。因此，我们假定农民工在第 2 期面临 1 个客观的返乡概率 p，但如果返乡就业只能获得一个较低的工资 $\bar{w}_r$，同时消费第 1 期的储蓄；或者以 $1-p$ 的概率继续留在城市务工，获得工资 $\bar{w}_u$。当 $p=0$ 时，暂时性劳动力转移转化为永久性迁徙，实现农民工市民化。从现实看，农民工迁徙到特大城市，如北上广深及省会城市等，其在第 2 期返乡的可能性更高，而迁徙到中小城镇就业的农民工返乡的可能性会小。因为北上广深及省会城市落户门槛更高，且农民工要在这些大城市站稳脚跟显然面临更多无法克服的客观困难，而在中小城镇，尤其是近年来国家全面放开中小城市落户限制，大力支持农民工市民化。农民工在中小城镇，尤其是本地小县城"安居乐业"的可能性更高[①]。

借鉴 Galor 和 Stark（1990）的效用函数，我们将个体两期消费的效用函数设置如下：

$$U(c_1, c_2) = u(c_1) + \delta u(c_2) \tag{5.4}$$

式（5.4）中的 c_1、c_2 分别表示个体在第 1 期和第 2 期的消费水平，δ 为时间贴现因子。式（5.4）满足效用函数的特征，为严格凹函数，即 $u^{'} > 0$ 和 $u^{''} < 0$。

个体消费选择的约束条件：

$$c_1 = \overline{w_u} - s\overline{w_u} = \overline{w_u}(1-s) \tag{5.5}$$

$$c_2 = \begin{cases} \overline{w_r} + (1+\overline{r})s\overline{w_u}, \text{返乡概率为} p \\ \overline{w_u} + (1+\overline{r})s\overline{w_u}, \text{留在城市概率} 1-p \end{cases} \tag{5.6}$$

其中，s 为个体的储蓄率，$\overline{w_r}$、$\overline{w_u}$ 分别表示农村和城市的均衡工资水平。

个体预期效用函数为：

$$U(c_1, c_2) = u[\overline{w_u}(1-s)] + \delta\left\{pu[\overline{w_r} + (1+\overline{r})s\overline{w_u}] + (1-p)u[\overline{w_u} + (1+\overline{r})s\overline{w_u}]\right\} \tag{5.7}$$

给定约束条件式（5.5）和式（5.6），选择变量 s 由预期效用函数最大化的一阶条件式（5.8）确定：

$$u^{'}[\overline{w_u}(1-s)] = \delta(1+\overline{r})\left\{pu^{'}[\overline{w_r} + (1+\overline{r})s\overline{w_u}] + (1-p)u'[\overline{w_u} + (1+\overline{r})s\overline{w_u}]\right\} \tag{5.8}$$

如果 p 的取值在 0 和 1 之间，则 p 的变化将影响到个体的储蓄行为。根据隐函数定理，可以得到最优储蓄率与返乡概率之间的关系：

$$\frac{\partial s^{\bullet}}{\partial p} = -\frac{\delta(1+r)\left\{u^{'}[\overline{w_r} + (1+r)s\overline{w_u}] - u^{'}[\overline{w_u} + (1+r)s\overline{w_u}]\right\}}{\overline{w_u}u^{'}[\overline{w_u}(1-s)] + \delta(1+r)\overline{w_u}\left\{pu^{\bullet}[\overline{w_r} + (1+r)s\overline{w_u}] + (1-p)u^{'}[\overline{w_u} + (1+r)s\overline{w_u}]\right\}} \tag{5.9}$$

由于效用函数为严格凹函数，即 $u > 0$ 和 $u < 0$，则式（5.9）分母恒为负，式（5.9）的符号取决于分子。由于 $\overline{w_u} > \overline{w_r}$，则分子为正，因此，式（5.9）为正。这表明个体返乡的可能性与储蓄水平正相关，这与我们的现实情况相符，即迁徙到大城市的农民工，由于大城市户籍限制更为严格，市民化的可能性更低，返乡的可能性更高，因此储蓄率更高，相反则反之。

[①] 试想农民工在年轻力壮的时候将自己的青春奉献给了城市，如果城市能够敞开胸怀接纳他们，给他们一视同仁的市民化待遇，那么他们主观上返乡的可能性将大幅降低。

5.4 计量模型与实证分析

5.4.1 计量模型设置与估计方法

根据理论分析结论,本研究将计量模型设置如下:

$$s_{it} = \alpha + \beta p_{it} + \gamma X + \eta_i + T_t + \varepsilon_{it} \tag{5.10}$$

其中,s_{it} 分别表示农村家庭 i 在第 t 期的家庭人均储蓄率;p_{it} 为转移劳动力的返乡计划或可能性;X 为影响农村家庭储蓄率的其他控制变量,包括家庭成员的受教育程度、年龄、小孩数量、在校生数量、家庭类型、家庭收入来源、家庭经营主业等;η_i 为无法观察到的农户家庭个体效应,T_t 为时间效应,ε_{it} 为随机干扰项。我们感兴趣的是转移劳动返乡计划或可能性的系数 β,预期符号为正。

根据经济学理论,个体的一些经济行为可能受过去行为的影响,其中消费、储蓄等行为具有一定的惯性,即过去的储蓄习惯可能会影响到当期的储蓄行为,为了控制储蓄习惯对储蓄行为的影响,我们在模型的控制变量中还加入了储蓄率的一阶滞后项,由式(5.10)静态面板数据模型变成了动态面板模型式(5.11)。

$$s_{it} = \alpha + \beta_1 p_{it} + s_{i,t-1} + \gamma X + \eta_i + T_t + \varepsilon_{it} \tag{5.11}$$

其中 $s_{i,t-1}$ 为储蓄率的一阶滞后项,其他变量同式(5.10)。

对于动态面板数据模型,一般 OLS 和面板估计,即使组内估计也不一致(Baltagi,1995),而传统的工具变量法对动态面板模型也并非有效方法(Gameron and Trivedi,2009),因此,本章采用广泛用于动态数据模型的广义矩估计(GMM)方法进行估计。广义矩估计可分为差分广义矩和系统广义矩估计方法,但差分广义矩估计存在弱工具变量问题(Blundell and Bond,1998)。为了解决弱工具变量问题,Blundell 和 Bond(1998)证明了系统广义矩估计(SYS-GMM)比差分广义矩估计方法有更好的估计性质,他们将差分 GMM 和水平 GMM 结合为一个系统进行估计,该方法也被学术界广泛应用于估计动态面板数据模型,SYS-GMM 估计不仅充分利用了水平方程的信息,而且还利用了差分方程所包含的信息,能有效解决参数估计不一致和有偏估计问题。因此,本章主要采用系统广义矩估计方法。考虑到结果的稳健性，我们也采用其他方法估计作为对比和参考。

5.4.2 变量选择与描述性统计分析

储蓄率：储蓄率是本研究的被解释变量，全国农村固定观察点农户调查表中不直接涉及储蓄指标，现有文献对储蓄率的定义也较多，如Butelmann和Gallego（2000），胡翠、许召元（2014）在实证过程中采用两种修正方法，一种是当收入大于消费时，用（收入－消费）/收入计算储蓄率；另一种当收入小于消费时，用（收入－消费）/消费计算储蓄率；还有学者采用收入除以消费的对数来计算家庭储蓄率（Wei and Zhang，2011；Pan，2016），Pan（2016）在稳健性检验部分则采用（收入－消费）/收入来计算储蓄率。万广华等（2003）根据中国农村家庭收入的现实情况，采用（纯收入－生活消费支出）/纯收入来计算家庭储蓄率。本章继续借鉴万广华等（2003）的方法计算农村家庭人均储蓄率，考虑到物价因素对数据的影响，经过农村消费价格指数去通胀处理（2003年物价指数为100）。

转移劳动力返乡计划或返乡可能性是本章的核心解释变量。根据前文分析，在城乡二元结构下，转移劳动力返乡计划不仅受到主观返乡意愿的影响（如告老还乡、叶落归根、乡愁等），更受到城市落户限制、基本公共服务供给、包容度等客观因素的显著影响，城乡二元户籍分治从来都不是停留在表面上，尽管近年来政府不断加大农民工市民化支持力度，如取消城乡户籍登记，统一为居民户口登记，表面上看户籍制度已经回归人口登记和管理的本位功能，但依附在户籍背后的社会福利却仍然是横亘在城乡居民之间的"无形的墙"，农民工即使在城市有稳定工作和收入来源也依然将自己视为这个城市的"过客"，尤其是在北上广深等一线城市和省会城市。因此，本章采用转移劳动力外出工作地点来客观衡量其返乡的可能性。借鉴刘彬彬、崔菲菲、史清华（2018）将劳动力流动就业地点的划分方法，将劳动力转移地点划分为"村外县内"（本乡外村和本县外乡）、"县外省内"（外县农村和城镇）、"省城"（本省省城）和"省外境内"（省外农村和城镇）四种①。考虑到行政区划边界以及城镇吸引力的差异，转移劳动力从村外县内，到县外省内和省城，再到省外境内，其永久性转移的可能性随之下降，返乡可能性随着上升。如省会城市对于转移劳动力而言，具有较多的就业机会和较高的收入以及更多有吸引力的城市基本公共服务等（如教育、医疗、养老等），农村转移劳动力主观上想永久性迁徙到省会城市，但客观上农村转移劳动力要在省会城市站稳脚跟、实现市民化的可能性显然较小，即返乡可能性较高。省外境内对转移劳动力就业和提高收入可能存在吸引力，但要让其实现举家迁徙、永久性转移的可能性更低，一般短期劳务派遣居多。在中国，省级行政区划边界常不易打破，且省外农村或城镇的社会福利对于转移劳动力永久性转移而言也缺乏足够的吸引力。之所以选择转移劳动力外出就业地点作为返乡可能性的代理变量，主要基于以下考虑：现有大样本的微观数据很少涉及转移劳动力返乡计划的调查，即使有该指标也仅涉及转移劳动力短期的主观意愿，且这种意愿随时间变化，主观性较强，无法全面客观反映转移劳动力面临的二元结构的影响，如年轻人到北上广深等大城市务工，面对大城市的繁华，可能暂时没有返乡计划或意愿，但从中国目前现实看，主观上即使没有返乡计划或意愿，然而客观上，我们都非常清楚，在目前二元结构下，随着年龄的增长，其返乡或回到所在小城镇只是时间问题。相反，那些转移到附近小城镇的农民工实现永久性转移的可能较大。因此，本章以转移劳动力外出从业地点这一客观指标作为返乡计划或可能性的代理变量，有其合理性。

其他控制变量：根据经典的生命周期-持久收入理论，年龄、年龄结构、收入是影响家庭储蓄的重要因素，因此本章将家庭成员平均年龄、年龄的平方、健康、人均纯收入的对数、总抚养比等作为控制变量，方法同刘生龙等（2016）。老人抚养比用65岁及以上人口占家庭总人口的比重来代理，少儿抚养比用0-14岁人口占家庭总人口的比重来代理②。根据宋铮（1999）、宋明月和臧旭恒（2016）的研究，中国居民存在明显的预防性储蓄动机，因此，本章的回

---

① 需要特别说明的是，考虑到部分家庭存在两个及以上劳动力外出就业地点不同的情况，我们删除了这样的样本。

② 由于部分样本家庭没有劳动力，考虑到分为零没有意义，因此这里用家庭总人口代理家庭总劳动力。

归模型控制了保险,用家庭实际人均保险支出作为代理变量。教育支出一直是家庭的重要开支,尤其是高等教育产业化后,为教育储蓄可能是家庭储蓄的重要动机之一,因此本章加入了家庭 16 岁以上学生人数作为控制变量。此外,本章还控制了家庭类型、家庭主要收入来源、家庭经营主业、家庭人口规模等家庭特征变量,以及时间和个体效应,考虑到时间虚拟变量需要消耗更多的自由度,且储蓄率可能存在时间趋势,因此在模型中加入了时间趋势项。变量定义及描述性统计分析详见表 5.1。

表 5.1 变量定义及描述性统计分析

变量名	变量定义	均值	最大值	最小值	方差
储蓄率	(实际人均纯收入－生活消费支出)/家庭实际人均纯收入 *100	40.737	−396.142	94.725	45.382
返乡可能性或计划	返乡可能性为定类变量:外出到"村出县内"=1,"县外省内"=2,"省外境内"=3,"省城"=4	1.238	4	1	0.618
年龄	家庭成员平均年龄	36.811	1.000	75.000	10.283
年龄平方	家庭成员年龄的平方	1460.793	1355.049	5625	842.360
受教育	家庭成员平均受教育年限	6.526	0	14.667	2.034
学生数	家庭 16 岁以上学生人数	0.219	4.000	0	0.494
小孩抚养比	0-14 岁小孩数/家庭总人口	0.126	1	0	0.167
老人抚养比	65 岁及以上老人/家庭总人口	0.055	1	0	0.140
健康状况	家庭成员平均自评健康状态:1=优,2=良,3=中,4=差,5=丧失劳动能力	1.400	4.500	0.200	0.576
家庭人均纯收入	家庭实际人均纯收入	5634.622	85660.090	0	4766.744
保险	家庭实际人均保险支出	79.125	13122.500	0	246.784

续表

变量名		变量定义	均值	最大值	最小值	方差
家庭特征	收入来源	家庭主要收入来源为虚拟变量：家庭经营为主 =1，其他 =0	0.445	1	0	0.497
	经营主业	家庭经营主业为虚拟变量：农业 =1，其他 =0	0.169	1	0	0.375
	家庭类型	家庭类型为虚拟变量，核心家庭 =1，其他 =0	0.706	1	0	0.456
	家庭规模	家庭人口总数	4.041	9	1	1.378

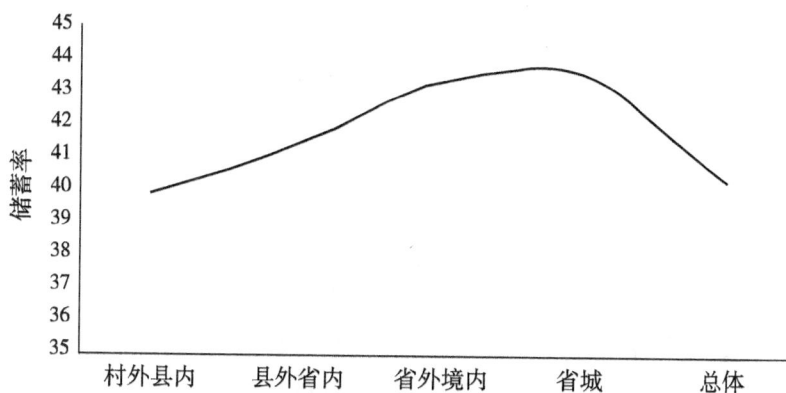

图 5.1　山西家庭储蓄率与劳动力外出从业地点的关系

　　从山西农村劳动力转移返乡可能性与家庭储蓄率的关系可以清晰地看出（图 5.1），在 2003—2017 年观察期内，农村劳动力转移到村外县内就业的家庭储蓄率为 39.89%，转移到县外省内就业的储蓄率为 41.28%，转移到省外境内就业的储蓄率 43.33%，转移到省城就业的储蓄率为 43.44%。可见，劳动力转移地点与家庭储蓄率正相关，主要原因是：在城乡 "二元" 结构下，省城和省外对于农村转移劳动力要实现永久性转移的可能性较小，随着转移劳动力年龄的增加，在一定程度上返乡是必然的，而对于县内或县外省内的转移劳动力，在政府加大推进城镇化进程中，尤其是小城镇，转移劳动力在小城镇 "安家乐业" 的可能性较高，即返乡可能性较低。因此，从描述性统计结果看，返乡计划或可能性对于农村家庭的长期储蓄行为是有显著影响的。当然，家庭储蓄率还受到很多因素的影响，更准确地估计两者间的关系还依赖于更严谨的计量模型。

接下来，我们将对返乡可能性与家庭储蓄率进行更为严谨的计量分析。

5.4.3 实证分析与结果

面板数据回归一般有随机效应和固定效应，经过 Hausman 检验，P 值小于 0.010，因此，模型估计适合采用固定效应估计。为了观察核心解释变量与控制变量对家庭储蓄率的影响，我们采用逐步添加变量进行实证分析，以考察实证分析结果的稳健性。从表 5.2 静态回归结果看，从模型 1 到模型 5，返乡可能性变量系数均显著为正，且系数大小变异较小。这说明在中国城乡二元结构下，在控制收入增长等变量后，二元结构导致转移劳动力返乡可能性越高，则家庭储蓄率越高。这进一步检验了前文理论模型的推导结果。

表 5.2 静态面板估计结果

解释变量	模型 1（静态）	模型 2（静态）	模型 3（静态）	模型 4（静态）	模型 5（静态）
返乡可能性或计划	2.610**（1.291）	2.070**（1.021）	2.386*（1.325）	2.353*（1.323）	2.372*（1.328）
人均纯收入	0.002***（<0.001）	0.001***（<0.001）	0.002***（<0.001）	0.002***（<0.001）	0.002***（<0.001）
年龄		1.815***（0.436）	0.105（0.666）	0.140（0.665）	−0.014（0.673）
年龄平方		−0.017***（0.005）	−0.003（0.008）	−0.003（0.008）	−0.001（0.008）
小孩抚养比		32.984***（5.502）	12.314（8.165）	12.753（8.153）	12.081（8.230）
老人抚养比		1.034（5.574）	2.174（7.751）	1.355（7.742）	0.443（7.984）
受教育			−1.598**（0.736）	−1.570**（0.735）	−1.512**（0.745）
16 岁及以上学生数			−6.991***（1.667）	−7.065***（1.664）	−6.952***（1.683）
健康状况			−4.166**（1.931）	−4.177**（1.928）	−4.589**（1.945）
时间趋势			−0.043（0.219）	0.093（0.221）	−0.010（0.233）
保险				−0.011***（0.003）	−0.010***（0.003）

续表

解释变量		模型 1（静态）	模型 2（静态）	模型 3（静态）	模型 4（静态）	模型 5（静态）
家庭特征	收入来源					−5.948**（2.464）
	经营主业					−2.773（2.604）
	家庭类型					−3.208（2.736）
	家庭规模					0.236（1.103）
常数项		26.573***（2.030）	−16.010*（9.495）	127.744（436.148）	−146.040（440.852）	69.610（462.615）
个体		控制	控制	控制	控制	控制
R^2		0.029	0.030	0.042	0.045	0.047
F 值（p 值）		71.550（p<0.001）	150.170（p<0.001）	20.670（p<0.001）	20.29（p<0.001）	15.40（p<0.001）
样本数		5559	5559	5552	5552	5526

注：括号中数字为标准差，*、**、***分别表示10%、5%、1%水平上显著。

尽管面板固定效应模型可以在一定程度上解决遗漏变量问题，但模型本身可能包含内生性解释变量，尤其是模型包含被解释变量的滞后项时，为了解决模型本身可能存在的内生性问题，我们采用SYS-GMM进行回归估计。SYS-GMM估计有效的前提是"扰动项不存在二阶自相关"和"所有工具变量均有效"，从表5.3的检验看，扰动项AR（1）的P值小于0.01，表明随机扰动项存在一阶自相关，但AR（2）的P值为0.73，表明扰动项不存在二阶自相关。Hansen检验的假设为"所有工具变量均有效"，P值为0.26，说明SYS-GMM估计使用的所有工具变量均符合外生性假定。因此，基于SYS-GMM估计的结果一致且有效。

从表5.3动态估计结果看，返乡可能性变量的系数为3.67，且在1%的水平上显著。这进一步表明，通过SYS-GMM解决内生性问题后的结果依然稳健。接下来以表5.3模型3为例进行说明，人均纯收入变量的系数显著为正，表明随着收入增加，储蓄率也随之上升，这符合凯恩斯的消费储蓄理论的预测。但农户家庭储蓄率的一阶滞后项的系数为负，且不显著，表明农户的储蓄行为没有显著的"惯性"。从家庭年龄与家庭储蓄率的关系看,年龄变量的系数显著为正,年龄平方的系数为负且显著,这与生命周期-持久收入理论预测一致。从储蓄率与抚养比的关系看,小孩抚养比变量的系数显著为正,并且系数较大,但老人抚养比变量的系数为正,但不显著,这在一定程度上表明,一方面中国农村家庭的父母的遗赠动机较强,另一方面也表明"可怜天下父母心",尤其是在中国,父母为孩子储蓄是相当普遍的现象。受教育程度与储蓄率显著负相关,即受教育程度提高 1 年,家庭储蓄率下降 1.64 个百分点,这是因为受教育年限越长,其工作机会越多,收入越稳定,有助于降低预防性储蓄动机。家庭 16 岁以上学生人数与储蓄率负相关,但不显著。健康状态与储蓄率负相关,但不显著。保险与储蓄率显著负相关,因此,继续完善农村社会保障体系、加大对农村居民的社会保障的转移支付力度,让更多农民享受更多的社会保障,有助于降低居民的预防性储蓄动机,解决农民"病有所医"、"老有所养"有助于刺激消费、扩大内需。时间趋势变量的系数为负且显著,表明随着时间的推移,农村家庭的储蓄率呈下降趋势。在家庭特征变量中,家庭收入来源和家庭经营主业变量的系数显著为负,即家庭收入来源于家庭经营为主和经营主业为农业的农户家庭的储蓄率较其他情况的农户储蓄率要低,其他家庭特征变量的系数均不显著。

表 5.3 动态面板估计结果

解释变量	模型 1 (动态 RE)	模型 2 (动态 FE)	模型 3 (SYS-GMM)
返乡可能性 或计划	1.496 (1.095)	2.857** (1.481)	3.665*** (1.228)
储蓄率滞后项	0.142*** (0.013)	0.006 (0.014)	−0.011 (0.040)
人均纯收入	0.001*** (<0.001)	0.002*** (<0.001)	0.002*** (<0.001)
年龄	1.734*** (0.462)	0.201 (0.749)	2.739*** (0.827)
年龄平方	−0.018*** (0.005)	−0.004 (0.009)	−0.026*** (0.010)
小孩抚养比	9.137 (6.572)	15.184* (9.156)	20.075* (12.179)

续表

解释变量		模型 1 （动态 RE）	模型 2 （动态 FE）	模型 3 （SYS-GMM）
老人抚养比		−1.480 （5.972）	2.937 （8.638）	1.519 （10.948）
受教育		−1.140*** （0.390）	−1.386* （0.838）	−1.642* （0.936）
16 岁及以上 学生数		−6.692*** （1.485）	−7.017*** （1.824）	−0.586 （2.438）
健康状况		−0.083 （1.261）	−3.767* （2.143）	−3.274 （3.077）
时间趋势		0.087 （0.186）	0.021 （0.262）	−0.555* （0.299）
保险		−0.019*** （0.002）	−0.010*** （0.003）	−0.016** （0.007）
家庭特征	收入 来源	−2.200 （1.357）	−5.853** （2.667）	−11.652*** （3.683）
	经营 主业	0.557 （1.734）	−2.844 （2.823）	−5.639** （2.296）
	家庭 类型	3.112** （1.519）	−4.168 （2.964）	2.234 （3.307）
	家庭 规模	1.097* （0.605）	0.045 （1.213）	1.026 （1.535）
常数项		−181.193 （375.487）	1.046 （522.432）	1092.336* （596.976）
个体		控制	控制	控制
R^2		0.233	0.049	—
参数联合检验 （p 值）		371.490 （p<0.001）	13.060 （p<0.001）	Wald chi2=79.670 （p<0.001）
AR(1)		—	—	Z=−6.140 P<0.001
AR(2)		—	—	Z=−0.350 P<0.725
Hansen 检验		—	—	chi2=601.460 P=0.260
样本数		4854	4854	4854

注：括号中数字为标准差，*、**、***分别表示 10%、5%、1%水平上显著。

5.5 稳健性检验

考虑到转移劳动力的农村家庭样本可能存在自我选择问题，为了进一步检验模型的稳定性，本研究使用倾向匹配估计（PSM）方法对模型（5.11）进行稳健性检验。本研究将劳动力返乡看作一次"准自然实验"，分别将劳动力转移到"村外县内""县外省内""省城"和"省外境内"的农村家庭视为处理组，而其他具有相似特征的不存在劳动力转移的农村居民家庭视为控制组，比较处理组和控制组的家庭储蓄率之间的差异。在进行PSM估计之前，先要进行匹配得分估计，我们采用与模型（5.11）一致的控制变量作为匹配估计的协变量，采用主流的Logit回归得到匹配得分；然后采用一对一有放回近邻匹配，结果详见表5.4。从表5.4中PSM估计结果看，"村外县内"的参与者处理效应（ATT）为3.29，其在5%的水平上显著，即劳动力转移到"村外县内"的农村家庭储蓄率较具有相似特征的不存在劳动力转移的农村家庭储蓄率高3.29个百分点。"县外省内"的参与者处理效应（ATT）为4.92，且显著，即劳动力转移到"县外省内"的农户家庭储蓄率较具有相似特征的家庭储蓄率高4.92个百分点。"省城"的参与者处理效应（ATT）为负，且不显著，然而"省城"的非参与者处理效应（ATU）和整体处理效应（ATE）均为正且显著。"省外境内"的参与者处理效应（ATT）为7.37，且在10%的水平上显著，即劳动力转移到"县外省内"的农户家庭储蓄率较具有相似特征的家庭储蓄率高7.37个百分点。总体上，从劳动力流动到"村外县内""县外省内"，再到"省城"和"省外境内"对家庭储蓄率的影响看，转移劳动力返乡可能性越高，其家庭储蓄率越高。这与前文理论模型预测一致，进一步表明本章研究结论的稳健性。

表5.4　PSM估计结果

| | 处理效应 | | | |
	村外县内	县外省内	省外境内	省城
ATT	3.287** （1.593）	4.917* （2.895）	7.372* （3.905）	−0.483 （8.687）
ATU	4.318*** （1.513）	4.904** （2.000）	4.563 （4.036）	9.537* （4.944）
ATE	3.961*** （1.232）	4.905*** （1.934）	4.621 （3.960）	9.336* （4.866）

注：括号内为bootstrap自助300次得到的标准误；限于篇幅未报告logit回归结果。

5.6　结论

在城乡"二元"结构下构建了转移劳动力两期世代交叠模型,从理论上分析了劳动力暂时性转移与家庭储蓄行为的关系,探讨了转移劳动力返乡可能性对家庭储蓄率的影响,并采用 2003—2017 年山西农村固定观察点农户跟踪调查样本进行实证分析,结果发现:第一,无论是采用静态面板、动态面板,还是采用解决内生性的 SYS-GMM 估计,均得出了劳动力暂时性转移对农户家庭储蓄率有显著正向影响,即转移劳动力返乡可能性越高,其储蓄率也越高;反之则相反。这一结论经过稳健性检验仍然成立。第二,在二元结构下,暂时性劳动力转移是导致山西农村居民家庭储蓄率上升的主要原因,因此,二元结构是导致山西农村家庭储蓄率高且不断上升的结构性因素。第三,从转移劳动力与家庭储蓄率的正相关关系看,山西城乡二元融合程度还较低。

由此得到以下启示:第一,推动户籍人口的城镇化,让更多的转移劳动力举家迁徙,实现市民化有利于扩大内需,否则以常住人口计算的城镇化对于扩大内需没有太多实质性影响,在一定程度上反而抑制了消费。第二,转移劳动力返乡计划和可能性不仅取决于转移劳动力主观返乡计划或意愿,实际上更取决于城镇对农村转移劳动力的落户政策以及接纳程度,尤其是城镇基本公共服务的供给能力,能否给予转移劳动力公平的市民化待遇。第三,从储蓄角度看,目前城乡"二元"结构下,暂时性转移劳动力要真正融入城市任重而道远。越是大城市对农村转移劳动力吸引力越大,但农村转移劳动力越难以融入城市,返乡可能性就越高,因而其家庭预防性储蓄动机就越高。

第6章 劳动力转移、收入结构变化与家庭储蓄

上一章基于两期世代交叠模型，从理性经济人家庭消费效用最大化视角，在理论上构建了城乡二元结构下农村劳动力转移与家庭消费储蓄行为的理论模型，并用山西农村固定观察点微观农户跟踪调查数据，实证分析了农户家庭劳动力转移对储蓄率的影响，发现二元结构导致农村暂时性劳动力转移是家庭储蓄率高的重要原因。传统经济学基于理性经济人的生命周期理论预测人们的消费储蓄行为更多地依赖于收入，对收入水平的变化相对敏感，但较少关注收入构成或来源结构的变化对消费储蓄行为的影响。本章将研究视角转向农村家庭收入结构变化对家庭储蓄行为的影响，探讨劳动力转移导致家庭收入结构变化，进而影响家庭消费储蓄行为。

6.1 前言

党的十八大报告明确提出要以推进城镇化战略为重点，着力解决制约经济持续健康发展的重大结构性问题，其内在逻辑在于通过实施城镇化战略能有效地扩大内需，实现从投资和出口导向驱动的经济增长方式向内需驱动转型。然而，农民工进城是中国城镇化的重点（蔡昉，2017），但在城乡"二元"结构下，尽管政府一直在努力推动农民工市民化，如2014年国务院印发了《关于进一步推进户籍制度改革的意见》（以下简称《意见》），该《意见》明确指出到2020年要努力实现1亿左右农业转业人口和其他常住人口落户城镇，然而，由于小城镇缺乏就业机会以及相关配套措施不完善，附带福利少，流动人口不愿

意落户城镇，而大城市公共资源供给紧张，落户门槛较高，加之农民承包土地退出机制欠缺（黄祖辉、胡伟斌，2019），大量农村劳动力仍然处于"候鸟式"迁徙状态，他们仅仅把城市作为挣钱的地方而不是花钱的地方，在城市的消费节俭到极限，攒钱返乡置业、结婚生子，仍然按照农村的生活方式去消费（范剑平、向书坚，1999），这严重抑制了城镇化的建设进程，不利于扩大内需和消费结构升级。进入 21 世纪以来，山西农村家庭储蓄率持续上升的事实与经典理论预测不一致的一个重要的原因在于忽视了典型的城乡"二元"结构下的劳动力转移，这是有史以来中国最大的乡城劳动力流动，由此形成了一个新的群体——农民工，宏观上农民工总数从 2008 年的 2.25 亿持续上升到 2018 年的 2.88 亿，10 年增长了 20.67%（历年农民工监测调查报告）；微观上山西农村劳动力转移率（劳动力外出就业人数/家庭劳动力数）从 1986 年的 7.06% 增加到 2017 年的 28.22%，整个观察期增加了 20 多个百分点[①]。伴随着农村剩余劳动力的转移，农村家庭的收入结构也发生巨大变迁，由观察期初期的家庭农业经营收入为主逐渐过渡到目前的多元化。传统经济学视不同来源收入可替代，它们对储蓄的影响是同质的，因此无法对 21 世纪以来农村居民家庭储蓄率不断上升做出令人信服的解释。根据行为经济学心理账户理论，人们会将不同来源的收入划分为不同的心理账户，而不同心理账户的收入的储蓄倾向（消费倾向）是不同的（Shefrin and Thaler，1988）。人们一般将财富在心理上划分为现期收入、现期资产和未来收入三类账户，现期收入账户的消费倾向最大，因此储蓄倾向最小；未来收入的消费倾向最小，因而储蓄倾向最大；现期资产居中。本章将基于心理账户理论，从收入结构变化视角分析不同来源的收入对储蓄的异质性影响。

6.2 理论基础

收入与储蓄消费的关系是经济学中的经典命题。经典消费储蓄理论为了得到一个最优解，常常做一些基本假设，如生命周期-持久收入理论假设不同时期的效用函数是同质的，不同财富在满足消费上是完全"可替代"的，并且金

---

① 数据来源历年全国农村固定观察点，经作者整理。

融市场是完善的，不存在金融抑制等，但传统经济学忽视了心理因素对消费储蓄决策行为的影响（Thaler，1990），如中奖了300元彩票，这等于购买的1000股某公司的股票每股涨了0.30元，因此，在没有交易成本的情况下，不同收入对消费储蓄的影响应该是无差异的，然而实证结果却对此提出质疑（Courant et al.，1986）。早在1957年弗里德曼提出持久收入假说时就强调持久性收入和暂时性收入在消费上的区别，他认为人们的消费并不取决于现期收入，而是取决于持久性收入，并且持久性消费倾向高于暂时性消费。弗里德曼的消费理论的重要贡献在于区分了持久性和暂时性收入，并意识到这两种收入的消费倾向不同，这一区别有助于解释长期消费的稳定性和短期消费的波动性，相比较收入稳定的个体，收入不稳定的个体拥有较低的消费倾向和较高的储蓄倾向。因为收入不稳定的个体需要更多的储蓄以抵消收入和消费的波动。

Thaler（1980）首次提出了心理账户的思想。Kahneman（1981）认为心理账户是人们在心理上对结果的分析记账、编码、估价和预算等过程。心理账户理论揭示了有效理性个体对预算和损益的评估管理机制，对一些传统经济学理论无法理解的现象给予了系统阐述（张延、张轶龙，2017），推动了行为经济学的进一步发展。心理账户理论最早应用于投资领域，并发展为金融学的一个重要分支——行为金融学。近年来，心理账户理论被广泛应用于解释和分析各种经济现象，如房地产投资领域（Seiler et al.，2012）、纳税人的纳税行为（Muehlbacher and Kirchler，2013；Muehlbacher et al.，2017）以及彩票选择（Langer and Weber，2001）、股票投资（Lim，2006）以及资产动态定价行为（毕文杰等，2015）等。随着行为经济学的发展，越来越多的学者将心理账户理论应用于研究消费储蓄行为，如李锐、项海容（2004），彭小辉等（2013），田靓等（2016），孙豪、毛中根（2018）等利用心理账户研究个体的消费行为。根据Thaler提出的心理账户理论，人们会根据收入的性质或来源、收入与支出的关系等在心理上划分多个账户，且每个账户都有不同的偏好和支配规则，不同心理账户具有不可替代性。一般而言，心理账户由以下三类账户构成：现期收入账户、资产账户和未来收入账户。现期收入账户的储蓄倾向较低，消费倾向较高；未来收入账户的储蓄倾向较高，消费倾向较低；资产账户的储蓄倾向介于现期收入和未来收入账户之间（Thaler，1990）。

从实证研究来看，心理账户理论得到国内外诸多经验研究支持，主要从两方面展开研究：一方面是从储蓄的对立面——消费视角研究不同来源收入对消费行为的影响，结果发现不同来源的收入具有不同的消费倾向，在消费层面上不可完全替代（Kirchler and Wahl，2010；彭小辉等，2013；田靓等，2016；葛晶等，2019），Antonides 和 Ranyard（2018）对该问题进行了全面系统的总结和梳理。另一方面是不同来源收入对某一特定商品或服务消费的影响是不同的（Laurece，1998；Kooreman，2000；孙豪、毛中根，2018）。随着农村大量剩余劳动力外出就业，农村家庭收入来源结构已经发生了巨大变化，过去长期占第一位的家庭经营性收入退居第二位，而外出工资性收入占比上升到第一位。这种收入来源结构的巨大变化对储蓄行为的影响是重要的，必然带来农村家庭消费储蓄行为的变迁。Holbrook 和 Stafford（1971）认为个体总可支配收入的边际消费（储蓄）倾向是不同收入来源的边际消费（储蓄）倾向的加权，权重为每一收入来源占总可支配收入的比重。如果一个收入来源增加可能不会产生与另一个收入来源增加相同的消费或储蓄变化（Carriker et al.，1993），那么其对储蓄的影响就会存在显著差异。徐会强、李敬强（2009）的研究发现消费函数会随收入来源结构的变化而变化，李锐等（2004）将农民的工资性收入、经营性收入、财产性收入和转移性收入等不同来源收入划分为不同的心理账户，研究发现收入结构差异决定了消费差异。彭小辉等（2013）进一步利用东北三省的农户数据，实证检验不同来源收入的边际消费倾向是否一致，结果发现不同来源收入的边际消费倾向存在显著差异，不同来源的收入在消费层面上并不能进行简单的加总。可见，将心理账户应用到消费决策方面已经取得了丰富的研究成果，但消费与储蓄的原因是不同的，尽管生命周期-持久收入理论假说、流动性约束假说等在一定程度上都能解释中国农民的消费行为（高梦滔等，2008），但缺乏对中国农民消费行为的全面诠释（王健宇、徐会奇，2010）。在中国城乡"二元"结构下，农民收入结构有其特殊性和阶段性特征，改革开放以来，家庭经营性收入占家庭收入的比重逐年走低，而工资性收入呈逐年增长态势，但这种工资性收入显著区别于城镇居民的工资性收入，农民外出务工的工资性收入是一种暂时性收入，缺乏持续性和稳定性。为了考察不同来源收入的储蓄倾向差异，本章将借助心理账户理论，将农户家庭收入来源分为家庭经营性收入、工资性收入（非农收入）、财产性收入以及政府性转移收入等，实证分析不同来源收入对家庭储蓄行为的影响，以期对山西乃至全国农村居民家庭储蓄率不断上升找到一种新的解释。

6.3 计量模型设置与估计方法

6.3.1 传统储蓄模型

经典的凯恩斯储蓄函数可以表述为储蓄是可支配收入的函数：

$$S_t = -\beta_0 + \beta_1 Y_t \tag{6.1}$$

其中 β_1 为边际储蓄倾向，S_t 为储蓄水平，Y_t 为可支配收入。传统消费储蓄理论表明现期储蓄取决于可支配收入，凯恩斯储蓄理论将可支配收入解释为现期绝对收入，杜森贝利将可支配收入解释为相对收入，弗里德曼则将可支配收入解释为持久收入，莫迪利安尼则认为可支配收入不仅包括现期收入，还包括未来收入、财富等。Hall（1978）的随机游走理论假说认为只有现期消费能够预测未来消费，而可支配收入等对未来消费没有预测力。经济理论认为个体当前的经济行为容易受过去经济行为的影响，如储蓄和消费行为、资本存量调整等。个体过去的储蓄、消费习惯会对未来的储蓄消费行为产生影响，储蓄消费行为具有一定的"惯性"，经济学上称为"棘轮效应"。虽然储蓄与消费是一枚硬币的两面，现在的储蓄就是未来的消费（龚六堂、颜瑾，2008），但是消费动机与储蓄动机却是完全不同的。结合上述经典消费理论和Hall的研究结论，将凯恩斯的经典储蓄函数改为：

$$S_t = -\beta_0 + \beta_1 Y_t + \beta_2 S_{t-1} + \beta_3 W_{t-1} \tag{6.2}$$

其中 S_t 为储蓄水平，S_{t-1} 为上一期的储蓄水平，用于控制储蓄的"棘轮效应"的影响，Y_t 为可支配收入，W_{t-1} 为上一期的财富；β_0、β_1、β_2、β_3 为待估参数，β_1 为我们关注的收入的边际储蓄倾向。

6.3.2 行为生命周期储蓄模型

传统储蓄理论认为不同来源的收入可以完全替代，因此，式（6.2）可以改为：

$$S_t = -\beta_0 + \beta_1(Y_{1t} + \cdots + Y_{nt}) + \beta_2 S_{t-1} + \beta_3 W_t = -\beta_0 + \beta_1 \sum(Y_{1t} + \cdots + Y_{nt})$$
$$+ \beta_2 S_{t-1} + \beta_3 W_{t-1} \tag{6.3}$$

其中 Y_{it} 为农村居民家庭不同来源的收入（$i=1,2,3,4$），主要包括家庭经营性收入、工资性收入、转移性收入和财产性收入四大类。式（6.3）为不同来源收入可完全替代的储蓄模型。随着外出工资性收入的增长，将非农化所得工资性收入与其他收入来源一起并入到农村家庭收入账户中，掩盖了不同收入来源的不确定性和变异性，这种不确定和变异性会对农村家庭储蓄行为产生不确定性的影响。基于此，我们追随 Thaler（1990）和 Carriker（1993）的思路，认为不同来源的收入不能相互替代，它们对农村家庭储蓄行为的影响存在异质性。基于以上分析，借鉴 Shefrin 和 Thaler（1988）的分析思路，将式（6.3）改写为：

$$\theta_1 S_t = -\beta_{01} + \beta_{11}Y_{1t} + \beta_{21}S_{t-1} + \beta_{31}W_{t-1} \tag{6.4}$$

$$\theta_2 S_t = -\beta_{02} + \beta_{12}Y_{1t} + \beta_{22}S_{t-1} + \beta_{32}W_{t-1} \tag{6.5}$$

$$\theta_3 S_t = -\beta_{03} + \beta_{13}Y_{1t} + \beta_{23}S_{t-1} + \beta_{33}W_{t-1} \tag{6.6}$$

……

其中式（6.4）、（6.5）、（6.6）中的 θ_i 为第 i 种收入的储蓄份额，我们不知道的取值，即不确定不同收入中用于储蓄的份额是多少，但 $\theta_1 + \cdots + \theta_n = 1$。其他变量的定义同式（6.2）。为了得到准确的估计，需要加总式（6.4）、（6.5）、（6.6）。由此，得到：

$$S_t = -\beta_0^* + \beta_1 Y_{1t} + \beta_2 Y_{2t} + \beta_3 Y_{3t} + \beta_2^* S_{t-1} + \beta_3^* W_{t-1} \tag{6.7}$$

其中 $\beta_0^* = \sum_{i=1}^{4}\beta_{0i}$，$\beta_2^* = \sum_{i=1}^{3}\beta_{2i}$，$\beta_3^* = \sum_{i=1}^{3}\beta_{3i}$。式（6.7）是可估计的，一方面我们关注 β_1、β_2、β_3，即不同收入的边际储蓄倾向是否相等，进而验证不同收入的替代性问题；另一方面我们还关注在农村家庭收入结构变迁过程中，哪一类收入的边际储蓄倾向最高，其原因是什么，能否解释 21 世纪以来山西农村居民家庭储蓄率不断上升的事实。

由于式（6.7）包含被解释变量的滞后项 S_{t-1}，因此模型从静态模型变为动态模型。滞后项与随机误差存在相关性，因此采用 OSL、面板固定效应等传统估计方法会导致估计结果有偏且不一致（Baltagi，1995）。为了得到一致且无偏的估计结果，一般采用广义矩估计。广义矩估计有差分广义矩和系统广义矩，差分广义矩适合时间跨度大、横截面小的面板数据，但对于时间跨度小、横截面大的面板数据，该方法容易受弱工具变量的影响（Roodman，2006）。对于时间短、横截面大的面板数据，Blundell和Bond（1998）证明了采用系统广义矩估计比差分广义矩的估计方法有更优的估计性质。系统广义矩充分利用了差分方程和水平方程所包含的信息，即使不引入外部工具变量，也可以从变量的历史变化中选取合适的工具变量，得到一致且无偏的估计量（魏国学等，2010）。本章采用的数据为1986—2017年的N大、T小的面板数据，根据上述分析适采用能解决内生性问题的系统广义矩估计模型（6.3）和模型（6.8）。与此同时，作为参考，我们也采用OLS、静态、动态面板数据回归作为参考，以增强结论的稳健性和严谨性。考虑到山西农村居民家庭财产性收入占比较低，在整个观察期财产性收入只占总收入的1.87%，且样本中存在较多缺失值，因此在实证估计过程中我们只考虑了家庭经营收入、工资性收入和转移性收入三大类。

6.4 实证分析与结果

6.4.1 描述性统计分析

改革开放后，随着城镇放松户籍管制，大量农村剩余劳动力进城务工，进入21世纪后政府加大对"三农"的支持力度，提高对农民的转移支出力度，以及扩大农民财产性收入来源，从图6.1可以看出，农村家庭收入结构已经发生了巨大结构性变化。在观察初期的1986年，农村家庭收入的第一大来源是家庭经营性收入，占家庭收入比例高达78.79%，且多以农户家庭农业生产经营所得为主；其次是工资性收入，占比13.67%；第三是转移性收入（包括政府和亲友赠送收入），占比6.78%；最后是财产性收入，几乎可以忽略不计，占比仅为0.75%。然而，到2017年，农村居民家庭收入来源已经发生巨大变化，其中工资性收入占比上升到第一位（45.94%），而家庭经营性收入退居第二位（41.18%），转移性收入占比排第三位（10.84%），最后为财产性收入（2.04%）。从时间变化趋势看，家庭经营收入占比呈逐年波动下降趋势，由观察初期1986年的78.79%降至2017年的41.18%，整个观察期下降了37.61个百分点。与经营收入占比变动相反，工资性收入呈逐年增长态势，由1986年的13.67%

大幅提高到 2017 年的 45.94%，增加了 32.27 个百分点。转移性收入在 21 世纪之前呈波动下降走势，但进入 21 世纪后，尤其是 2003 年中央"一号文件"重新集聚"三农"问题，以农村税费改革和农业补贴为核心的收入分配制度改革（彭小辉等，2018），显著地提高了农民的转移性收入。财产性收入占比由 2003 年的 5.21% 上升至 2017 年的 10.84%，已成为近年来农村家庭收入的第三大来源；具体看，财产性收入占比呈先升后降的"∩"型，由 1986 年的 0.75% 增加到 1998 年的 4.80%，为观察期以来的最大值，之后进入 21 世纪农村家庭财产性收入占比逐年降低，但自中央政府出台文件从"有效保障农民财产权利"（2013 年"一号文件"）到"赋予农民更多财产权利"（2014 年"一号文件"）再到"增加农民财产性收入"（2015 年"一号文件"），农户家庭财产性收入开始扭转下降颓势，转入增长趋势，到 2017 年占比上升至 2.04%，份额之比仍然很小，可见在现行农村土地制度下，要激活农村要素资源，增加农民财产性收入仍然任重道远。上述收入来源结构变化清晰地表明，随着农村市场经济的发展，尤其是农村大量剩余劳动力外出就业，传统上以家庭经营收入为主的家庭收入结构逐渐演变为以外出工资性收入为主，这种收入来源结构性的变化可能是影响农村家庭储蓄行为的重要因素，尤其是在城乡二元结构下，"候鸟式"的农村劳动力流动不利于农民消费方式城市化（范剑平、向书坚，1999）。

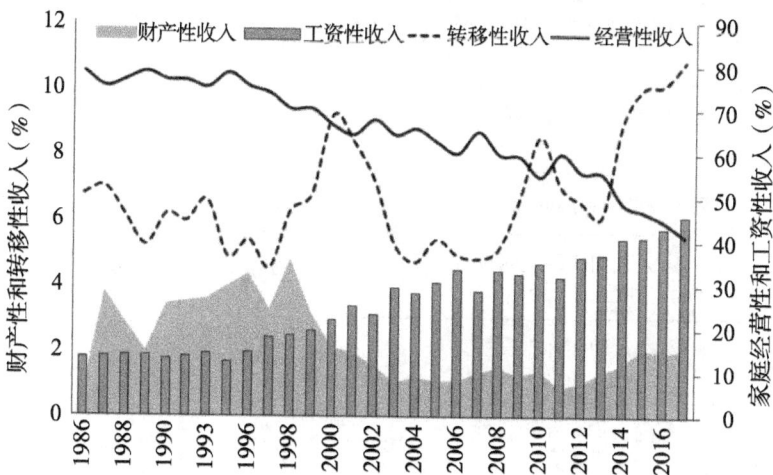

图 6.1　山西农村家庭收入结构及其变化（1986—2017）

6.4.2 变量设置

人均储蓄为本章的被解释变量，根据家庭人均纯收入减去生活消费支出得到人均实际储蓄水平（元/人）。需要特别说明的是本章之所以没有沿用前文的农户家庭人均储蓄率指标作为被解释变量，原因在于行为生命周期理论探讨的是不同收入的消费储蓄倾向问题，为了跟经典理论保持一致，本章采用农户家庭人均储蓄水平作为被解释变量较储蓄率变量，能更好分析不同来源收入的储蓄倾向差异，进而解释劳动力转移与家庭储蓄行为的关系。

家庭纯收入为解释变量。根据彭小辉等（2013）和程名望等（2016）的相关研究，结合数据特征将农村居民家庭收入进一步划分为家庭经营性收入、工资性收入、财产性收入和转移性收入，其中转移性收入包括政府转移性收入和私人转移性收入。

影响储蓄的因素是复杂的，除了收入外，我们还考虑了财富，这里用人均住房面积表示，方法同朱喜（2017）。此外，根据经济学理论以及 Hall（1978）的随机游走假说，我们还在模型中加入了储蓄的滞后项，以期通过储蓄滞后项控制储蓄的习惯性；与此同时，储蓄滞后项还有助于解决部分遗漏变量问题。

表 6.1 变量定义及描述性统计

变量名	定义	均值	方差	最小值	最大值
人均储蓄	家庭人均实际储蓄额（元）：人均纯收入减去生活消费支出	477.868	1333.906	−36018.610	30922.810
家庭纯收入	家庭人均实际纯收入（元）	1247.579	1601.150	0	35472.850
经营性收入	家庭人均实际经营性收入（元）	907.146	2336.845	0	96579.900
工资性收入	家庭人均实际工资性收入（元）	485.835	884.622	0	21681.160
转移性收入	家庭人均实际转移性收入（元）	109.416	471.377	−462.934	27584.850
财富	家庭人均住房面积（平方米）的对数	3.273	0.704	0.288	6.059

注：表中收入数据均通过历年山西农村消费价格指数去通胀处理（2003 年=100）。

6.4.3　实证分析

1.农村劳动力转移与家庭收入结构变化

考虑农村劳动力转移导致家庭收入结构变化，进而影响家庭储蓄行为，在正式进行对收入结构变化与家庭储蓄分析之前，我们先对农村劳动力转移与家庭收入结构变化进行了简单的线性回归检验。由于农村劳动力转移导致家庭收入结构的最重要变化是工资性收入不断增长，进而取代家庭经营性收入成为家庭第一大收入来源。因次，我们将工资性收入占比作为家庭收入结构变化的代理变量，将劳动力转移率作为主要解释变量，借鉴Mincer（1974），方程、高梦滔（2006）和程名望等（2016）的文献，将家庭人力资本、社会资本、物质资本等作为其他控制变量进行回归，考察劳动力转移对家庭收入结构变化的影响，其中人力资本包括家庭成员平均年龄、年龄平方、平均受教育程度以及健康状况；人力资本变量包括是否为党员户、是否为村干部户以及是否为国家干部户等；物质资本比较难测算，借鉴朱喜等（2017）的做法，将家庭住房面积作为财富的代理变量，因为在农村，越宽敞明亮的房子可以代表财富越多。经过Hausman检验，适合采用固定效应面板数据模型进行回归。从表6.2固定效应模型回归结果可知，农村劳动力转移与工资性收入显著正相关，农村劳动力转移导致工资性收入占比上升，进而使家庭收入结构变化发生显著性变化。接下来，我们将探讨家庭收入结构变化对家庭储蓄行为的影响。

表 6.2　劳动力转移与家庭收入结构变化回归

		模型 1	模型 2	模型 3	模型 4	模型 5
劳动力转移率		0.658***（0.018）	0.679***（0.022）	0.678***（0.022）	0.681***（0.022）	0.656***（0.22）
人力资本	健康状况		−0.421（0.306）	−0.441（0.335）	−0.529（0.333）	−0.353（0.332）
	年龄		1.557***（0.213）	1.523***（0.212）	1.529***（0.215）	1.355***（0.217）
	年龄平方		−0.027***（0.002）	−0.027***（0.002）	−0.027***（0.002）	−0.025***（0.002）
	教育		0.653**（0.298）	0.729**（0.298）	0.743**（0.301）	0.752**（0.300）

		模型 1	模型 2	模型 3	模型 4	模型 5
社会资本	党员户			11.788*** （2.235）	12.599*** (2.258)	11.657*** (2.253)
	村干部户			−0.594 （2.406）	−0.767 (2.420)	−0.414 (2.409)
	国家 干部户			16.927*** （2.446）	16.993*** (2.458)	15.978*** (2.455)
物质资本					0.010 （0.012）	0.008 （0.012）
家庭特征	家庭经营 主业					−11.353*** （1.358）
	家庭类型					−2.393*** （0.622）
	家庭收入 主要来源					−10.930*** （1.196）
时间效应		YES	YES	YES	YES	YES
个体效应		YES	YES	YES	YES	YES
N		12717	11399	11395	11266	11203
R²		0.295	0.431	0.440	0.422	0.471
F 值		90.23 (p<0.001)	101.790 (p<0.001)	92.30 (p<0.001)	88.220 (p<0.001)	83.970 (p<0.001)

2.收入结构变化与家庭储蓄

面板数据回归主要有随机效应和固定效应，Hausman检验P值小于0.01，表明模型适合采用固定效应回归。从表6.3模型1～4，无论是静态的面板固定效应回归，还是动态面板固定效应回归，结果均显示农村家庭不同来源收入的边际储蓄倾向是不同的。模型1中农村家庭人均纯收入的边际储蓄倾向为0.48，而模型2、模型3和模型4中，家庭经营收入、工资性收入、转移性收入的边际储蓄倾向不相等，这说明不同来源的收入在储蓄层面是不能完全替代的，这与行为生命周期理论预测一致。但由于模型4～5均加入了模型被解释变量滞后，因此，面板固定效应估计是不一致。接下来，我们采用动态面板数据回归方法进行再估计。

表6.3　收入结构变化与家庭储蓄的估计结果

	模型1 （静态FE）	模型2 （静态FE)	模型4 （动态FE）	模型4 （动态RE）	模型5 (Sys-GMM)
纯收入	0.477*** （0.039）	–	–	–	–
家庭经营收入		0.224*** （0.039）	0.220*** （0.004）	0.208*** （0.003）	0.212*** （0.037）
工资性收入		0.507*** （0.040）	0.496*** （0.012）	0.464*** （0.010）	0.491*** （0.041）
转移性收入		0.042** （0.131）	0.040** （0.018）	0.075*** （0.017）	0.101* （0.136）
财富滞后项 的对数		133.074*** （17.466）	130.863*** （17.443）	67.879*** （12.256）	151.067*** （21.259）
储蓄水平 滞后项	–	–	0.041*** （0.007）	0.116*** （0.006）	0.224** （0.106）
常数项	−105.517*** （22.999）	−408.160*** （61.317）	−402.534*** （61.213）	−222.643*** （51.641）	−470.282*** （59.319）
时间效应	YES	YES	YES	YES	YES
个体效应	YES	YES	YES	NO	YES
F值/Wald值			217.17 P=0.000	9019.500 P=0.000	2148.280 P=0.000
R^2	0.286	0.238	0.240	0.286	–
AR(1)					−5.360 p=0.000
AR(2)					1.620 p=0.105
Hansen					59.27 p=0.257
样本	27520	22632	22601	22601	22601
Hausman			chi2=268.27 p=0.000		

注：收入数据均为实际人均数据，经过农村消费价格指数去通胀处理（1986年=100），***、**、*分别表示在1%、5%和10%的水平上显著。固定效应报告的为组内R^2，随机效应报告的为整体R^2。

模型5采用了广泛应用于解决内生性问题的系统广义矩估计，AR检验扰动项存在一阶自相关，但不存在二阶自相关，Hansen统计量为59.27（p=0.26），表明可以接受"所有工具变量均有效"的原假设。表6.3模型5回归结果显示，不同收入的边际储蓄倾向是不一致的，表明不同收入在储蓄上是不能相互替代的。家庭经营收入的边际储蓄倾向为0.21，工资性收入的边际储蓄倾向高达0.49，且在1%的水平上显著；转移性收入的边际储蓄倾向较低，仅为0.10；财富滞后项的系数为正，与理论预期一致；储蓄滞后项的系数为0.22，且在5%的水平上显著，表明过去的储蓄行为对未来的储蓄行为有显著影响，储蓄行为存在明显的"惯性"，这与理论预期一致。

山西农村居民家庭外出工资性收入的储蓄倾向较高的原因在于：中国是一个典型的城乡"二元"结构的发展中国家，农民外出非农就业面临着诸多"同工不同酬"的歧视待遇，即使长期在城镇打工的农民工，也无法享受到城镇居民应有的福利，而这些福利涉及教育、医疗、养老、保险等工作生活的方方面面，尽管近年来政府极力推动农民工市民化，如2016年国务院印发《推动1亿非户籍人口在城市落户方案》，根据该方案，除极少数超大城市外，要全面放宽农业转移人口落户条件。但由于农民工无法享受到附加在户籍上的教育、医疗等福利，户籍城镇化进程仍然举步维艰。根据统计局公布的数据显示：2018年户籍人口的城镇化率仅为43.37%，而同期常住人口的城镇化已达到了59.58%，两者相差较多。农民外出就业面临更多的不确定性，既包括收入的不确定性，又包括消费的不确定（王克稳等，2013），因此工资性收入的储蓄倾向较高。这与Piracha和Zhu（2012）研究国际移民所得结论相似，他们针对德国本地居民与外来移民储蓄差别的研究发现，移民比本地居民有更高的储蓄倾向，原因之一是移民就业高度不稳定性，未来收入风险比较大；原因之二是增加储蓄以降低未来的就业风险，当东道国就业条件恶化时可以返回母国就业。从这一点看，在中国特殊的"二元"社会经济结构下，农民工与国际上暂时性移民的储蓄行为具有很多相似性，相比较本地居民，暂时性移民的储蓄率要显著高（Dustmann and Mestres，2010）。无法安居城市的年轻农民工，随时都准备返回农村，因此平时在城市就业所得工资更倾向于储蓄起来，当城市不再需要他们，他们就可以带着储蓄回到家乡。近年来，各地环保压力陡增，为了确保空气质量指数达标以及应对生态环境部的督查，每到冬季各地纷纷关闭一些污染较大的工厂或者安排轮休，减少排放，由此也造成了大量农民工返乡。在二元户籍制度下，农民往往将工资性收入视为一种暂时性收入（Zhao，1999），而根据弗里德曼的永久收入消费理论，消费者主要根据永久收入做出消费决策，而暂时性收入对消费的影响较小，反过来即暂时性收入对储蓄的影响较大。总之，在收入、消费和政策等不确定性下，导致农村家庭工资性收入的边际储蓄倾向较高。相比较工资性收入的储蓄倾向，家庭经营性收入的储蓄倾向要低，原因可能是家庭经营收入相比工资收入具有更高的相对稳定性，因为家庭经营活动的风险自主可控程度要高些，而转移性收入的边际储蓄倾向较低，可能与农户家庭转移性收入占比不高有关。随着中国加速推进城镇化进程，大量农民外出就业，家庭收入来源已经发生结构性变迁，在 2017 年山西农村家庭工资性收入首次超越家庭经营性收入成为农户收入的第一大来源，而工资性收入又在所有收入来源中具有最高的储蓄倾向，这是山西农村家庭储蓄率持续上升的重要推动力，也是推动全国农村家庭储蓄率不断上升的动力。

6.5　本章小结

传统经济学认为不同来源的收入是完全可替代的，由此很少关注收入来源结构变化对个体储蓄行为的影响。本章基于行为生命周期理论，采用 1986—2017 年农村固定观察点农户跟踪观察数据，实证分析发现，不同来源收入的边际储蓄倾向是不同的，即在储蓄层面不同来源的收入是不能完全替代的。从储蓄倾向上看，工资性收入储蓄倾向最高，其次为家庭经营收入，最后为转移性收入。这在一定程度上可以解释山西乃至全国农村居民家庭储蓄率不断上升的事实。因为随着中国城镇化进程的加速推进，大量农村劳动力外出务工，其家庭工资性收入逐渐上升，并逐渐取代家庭经营性收入成为家庭收入的第一大来源，而从实证分析结果看，工资性收入的边际储蓄倾向是家庭经营收入的 2 倍多。根据心理账户理论，工资性收入具有最高的储蓄倾向，原因如下：在中国城乡二元结构下，农民工群体是这一特殊体制的产物，他们虽然在城市从事非农工作，但身份还是农民，即使在城市拥有稳定的工作收入，但仍然难以享受城市居民该有的教育、医疗、保险等社会保障福利。在收入、消费和政策等三重不确定性条件下，工资性收入面临更大的不确定性，因此需要储蓄更多以应对各种冲击。这很好地解释了 21 世纪以来，山西乃至全国农村家庭储蓄率不断上升的事实，这弥补了传统消费储蓄理论对该问题的解释。由此，政府决策者在关注农民收入变化的同时，也应该关注农村居民家庭收入来源结构的变化。

改革开放以来，中国经济发展水平取得了举世瞩目的成就，但结构不协调也是政府和学术界关注的焦点，在拉动经济增长的"三驾马车"中，消费明显偏低也是众人皆知的。在当前扑朔迷离的国际背景下，如何扩大内需，走可持续发展之路对中国尤为重要。从生命周期假说到行为生命周期假说，以及实证分析结果，引申的启示有以下两个方面：第一，农户作为理性经济人，心理因素对其经济行为的影响是重要的，而这恰恰是传统经济分析中所忽视的，行为经济学将心理因素引入传统经济分析，对于我们深刻理解转型中的农户经济行为有重要价值。在研究不同来源收入对农村家庭储蓄行为的研究中，本章实证分析发现占农村家庭收入第一大来源的工资性收入具有最高的储蓄倾向，这与农民工面临的收入、消费和政策三重不确定有关，城乡二元结构是导致农民工面临更多不确定的制度障碍。因此，大力推进二元户籍制度改革，尤其是依附在户籍背后的教育、医疗和社会保障等是改革的重点，只有破除了城乡二元户籍制度，才能降低工资性收入的边际储蓄倾向，扩大内需才能落到实处，否则"候鸟式"的迁徙必然造成农民工家庭不愿消费，也不敢消费。通过户籍制度改革，加大农民工市民化支持力度，让城市基本公共服务供给覆盖农民工群体，有助于降低农民工面临的不确定性，这对于降低居民储蓄率，扩大内需具有重要现实意义。第二，随着经济的发展，家庭经营收入的比重会逐渐降低，而工资性收入的比重会逐年上升，收入结构变化会对农村居民消费储蓄行为产生深远影响，因此，政府决策者在制定扩大内需的消费政策时应该关注结构变化，尤其是结构变化背后的心理预期的影响，稳定持久的政策预期配合政府合理的引导，考虑经济行为背后的心理因素是制定有效的宏观经济政策的基础。刺激消费扩大内需是未来中国经济调控的重点，借助理查德·塞勒和卡斯·桑斯坦（2017）的"助推"思想，充分发挥心理因素在刺激消费过程中的作用，可以得到事半功倍的效果。

第7章 结论、政策建议和研究展望

本研究以城乡"二元"结构下农村家庭劳动力转移对家庭储蓄行为的影响为研究主线,在对传统经典消费储蓄理论进行系统梳理的基础上,首先对山西农村家庭储蓄行为变迁过程进行描述性统计分析,讨论1986年以来山西农村家庭储蓄行为的变迁过程及可能的原因;其次从理论和实证角度分析了"二元"结构下劳动力转移对家庭储蓄率的异质性影响;第三,探讨了劳动力转移导致收入结构变化进而对家庭储蓄率的影响,并基于"心理账户"理论对此进行了解释。本章基于前文的理论和实证分析,总结本研究主要的研究结论,并提出相关政策建议,最后指出未来需要进一步研究的问题或方向。

7.1 主要结论

第一,二元结构下的劳动力转移是促使山西农村居民家庭储蓄率持续上升的重要因素。

本研究利用1986—2017年山西农村固定观察点长期跟踪调查的农户数据,对生命周期理论、预防性储蓄理论和竞争性储蓄假说以及收入不平等等传统的经典消费储蓄理论进行了简单的再检验,发现:经典的消费储蓄理论无法对山西农村家庭高储蓄率做出令人信服的诠释,尤其是进入21世纪以来,随着农村金融市场的发展以及农村保障事业的发展,农村家庭储蓄率不降反升,而现有经典储蓄理论无法对农村家庭不断上升的储蓄率做合理解释。本研究从理论和实证分析中均发现,城乡"二元"结构下的劳动力转移是导致山西农村家庭储蓄率不断上升的重要因素。

第二，农村劳动力不完全不彻底和暂时性转移是山西农村家庭高储蓄率的主要原因。

进入21世纪以来，在中国政府的大力支持下，城镇化进程加速推进，大量劳动力进城务工，户籍制度改革明显提速，从积极稳妥地推进户籍制度改革，引导非农产业和农村人口有序向中小城镇和建制镇转移，到全面放开中小城镇和建制镇户籍限制、有序放开中等城市落户限制、合理确定大城市落户条件和严格控制特大城市人口规模，到恢复户籍登记本来功能、统一城乡户口登记制度，到出台户籍制度改革细则和推动非户籍在城市落户，再到《2019年新型城镇化建设重点任务》中明确推进常住人口基本公共服务全覆盖。从21世纪以来中国户籍制度改革进程可以看出，户籍制度改革与劳动力转移存在结构性不匹配的矛盾，因为中小城市和城镇就业机会少，户籍附加的社会福利不具有吸引力，而大城市就业机会多且户籍背后依附的社会福利高，吸引了大量农村劳动力进入，但大城市落户条件却明显高于农村转移劳动力所能达到的条件，且大城市基本公共服务难以全覆盖常住人口，这就导致了"二元"结构下中国特有的劳动力转移模式——"劳动力部分转移+留守家庭"。本研究实证研究表明劳动力转移家庭相比不存在劳动力转移的家庭储蓄率要高出3.91个百分点，而劳动力转移率每提高10%，其家庭储蓄率上升1.46个百分点。与此同时，从"二元"结构下的劳动力转移两期世代交叠理论模型和实证分析看，城乡"二元"结构下暂时性迁徙也对家庭储蓄有正向影响。在城乡"二元"结构下，转移劳动力面临更高的收入不确定性，因为进城务工的农村劳动力更多从事低端工作，在经济不景气或政策干预（冬季环保政策导致减产或停产等）的情况下解雇农民工，因而转移劳动力需要更多的预防性储蓄。另外，转移劳动力在获取城镇本地社会福利方面存在制度和政策上的限制，虽然城乡户籍已统一登记，但各大城市依据户籍分配社会福利资源以及基本公共服务供给的核心没有变，这会对转移劳动力的财富积累产生不同的约束，会导致更高的储蓄动机。

第三，劳动力转移导致收入结构变化是山西农村家庭储蓄率不断上升的动力机制。

改革开放以来，随着城乡"二元"户籍分治管理制度的放松，农村剩余劳动力大规模进城寻找非农工作，根据《农民工监测调查报告》，全国农民工总数从 2008 年的 2.25 亿持续上升到 2018 年的 2.88 亿，10 年增长了 28%，由此导致中国农户家庭收入结构发生显著性变化，在山西整个观察期（1986—2017）最大的变化是：家庭经营性收入占家庭总收入的比重由 1986 年的 78.79% 降至 2017 年的 41.18%。与此同时，与经营性收入占比变动相反，家庭工资性收入占比由 1986 年的 13.67% 大幅提高到 2017 年的 45.94%，超过家庭经营性收入成为农户家庭第一大收入来源。在城乡"二元"结构下，转移到城镇就业的农村劳动力多为不完全不彻底的暂时性转移，并不是一个真正意义上的人口迁徙的概念，由此导致的工资性收入具有较大不稳定性，借助行为经济学"心理账户"理论，本研究实证研究表明，在不同收入来源中，工资性收入具有最高边际储蓄倾向，因此，随着农村剩余劳动力不断转移到城镇就业，农户家庭收入结构变化是推动农村家庭储蓄率不断上升的动力因素。

第四，山西农村家庭高储蓄率背后的保障程度却不高。

在整个观察期，山西农村家庭储蓄率从 1986 年的 5.90% 上升至 2017 年的 30.06%，尤其是进入 21 世纪以来，样本农村家庭储蓄率持续上升，相比 2000 年上升了 16.59 个百分点，明显高于其他文化相似的东南亚国家。但基于微观数据从生活品、生活服务品和住房支出三个维度测算的农村家庭储蓄水平的保障程度其实并不高，高储蓄率背后的真实储蓄水平较低，且次贷危机后，高储蓄背后的保障程度随储蓄水平的提高反而呈下降走势。由此，21 世纪以来山西农村家庭持续走高的储蓄率并不是真实的高储蓄水平，高储蓄率背后并没有给农村家庭更多的安全和保障。改革开放以来，随着集体经济的式微、家庭承包责任制的实施，在农村社会保障体系还没有完全建立起来的情况下，农户作为微观经济组织完全暴露在市场和自然双重风险中，农民只能通过自身储蓄来对冲高风险，但这显然也是无奈之举，且在当下加速推进城镇化的进程中，相比住房、教育、医疗等支出的连年大幅攀升，农村家庭高储蓄率并没有赋予农民更高的保障程度。

7.2 政策建议

改革开放以来，高储蓄和高投资是中国经济快速增长的主要驱动力，但次贷危机以来，尤其是 2018 年以来，以投资和出口为导向的经济增长方式面临越来越多挑战，中国经济增长迫切需要从投资和出口导向型向内需驱动型转型，而转型能否顺利取决于居民消费储蓄决策。近年来，增强消费对经济发展的基础性作用是政府经济调控的重点，但收效不及预期，家庭储蓄率（消费率）不降反升（不升反降），究其原因是忽视了城乡"二元"结构下占近半数的农村居民。在总结主要研究结论的基础上，我们提出如下政策建议。

第一，完善促进消费的体制机制不应忽视农民工这一庞大的群体及其背后的家庭。根据 2018 年农民工监测报告，中国农民工总数达到了 2.88 亿人，占总人口的 20.67%，加上其背后"留守家庭"的人口，至少占到全国人口的一半以上，而我们的研究表明这部分家庭拥有较高储蓄率，因此，扩大内需的政策设计应充分考虑如何促进和扩大这部分人口的消费，让这部分群体"敢消费、愿消费"。从本研究的结论来看，主要可以从以下两个方面着手：

（1）继续加大对农村社会保障体系的建设，提高保障力度。城乡"二元"分治从来都不是停留在表面上，而是深入到人们生活的方方面面，尽管改革开放以来中国农村经济得到了长足发展，但城乡基本公共服务供给上的差距不仅没有得到大幅缩小，反而呈扩大趋势，这极大地限制了农村居民的消费热情，他们必须在较低的农村社会保障体系之外提高家庭储蓄以应对更多的风险冲击，但事实上，在医疗、教育和住房成本高企的环境下，表面上看似非常高的储蓄率背后的真实保障程度并不高，而保险有助于降低农户家庭面临的风险和不确定性、降低家庭储蓄率，因此继续加大对农村居民的社会保障的财政转移支付力度，构建城乡一体化的社会保障体系有助于解决农村居民的"后顾之忧"，对于扩大内需具有积极意义。

（2）加大对农村居民的教育支持力度，提高人力资本水平。本研究表明受教育程度与家庭储蓄率成反比，主要原因是：受教育程度越高，其获取稳定收入的可能性越高，有助于降低储蓄率，并且目前九年义务教育之外的教育支出是家庭支出的重要部分，抑制了家庭消费水平。因此，加大对农民的教育支持，提高其人力资本水平不仅有助于提高收入，而且有助于刺激消费、扩大内需。因此，加大对农村居民的教育支持具有"事半功倍"的效果。

第二，有序推动农民工市民化的关键是城镇基本公共服务供给向常住人口全覆盖。在城乡"二元"结构下，各种政策和资源向城市倾斜，城乡公共服务分配严重失衡，在允许农民工进城后，城乡"二元"结构逐渐演变为城市内部的"新二元"结构，即使农民工在城镇有稳定的工作和收入来源，却无法享受到城镇居民在教育、医疗、住房等方面的公共服务权利，由此导致的不完全不彻底的暂时性劳动力转移不仅给宏观经济增长带来影响，而且会导致"民工荒"与"剩余劳动能力并存"。在城乡"二元"结构下，工资性收入具有较高的储蓄倾向，根本原因还在于农民工在城镇面临着收入、消费和政策三重不确定性，农民工需要更多的储蓄以应对上述各种冲击。因此，现阶段推动农民工市民化的关键在于城镇供给侧而不是农村需求侧，即将城镇基本公共服务覆盖常住人口，让城市的保障和福利措施对转移劳动力产生正面作用，这不仅可以解决不完全不彻底的劳动力转移，而且可以将暂时性迁徙转移转变为永久性迁徙。与此同时，阻碍农民工举家迁移的另一制度性因素也值得政府决策层高度关注，即农地产权制度，"土地"向来是中国农民的命根子，是农民最后安身立命之所，农民工在城镇得不到体制内外的社会保障，只能采取"拐杖小农"的思维逻辑，当城镇就业面临困难或年老多病时，返乡就成为他们的必然选项。从这个角度看，暂时性转移也是农村劳动力在农业和非农业就业分散风险的重要举措，但这显然不利于城镇化和内需驱动的经济增长。

第三，继续加大力度深化户籍制度改革，消除一切歧视农民工的制度或政策。中国城乡"二元"分治始于人为干预，它的形成有其独特的历史背景和承担的历史使命，但在城乡协调发展和城镇化成为主流的当下，实施"二元"分治的条件已不复存在，因此"二元"分治也应终于人为干预。现有城乡"二元"分治制度不仅扭曲了劳动力要素市场的资源配置，而且扭曲了劳动力及其背后家庭的消费储蓄行为。现阶段在快速推进城镇化进程中，户籍制度及背后涉及的社会福利分配是阻碍转移劳动力市民化的根本障碍，也是城乡不协调、不平等根源产生的制度性因素，必须予以废除。因为"正义是社会制度的首要价值，正像真理是思想体系的首要价值一样。同样，某些法律或制度，不管它们如何有效率和有条理，只要它们不正义，就必须加以改造或废除"（罗尔斯，1988）。改革城乡"二元"户籍制度的重点不在于户籍本身，而在于消除"二元"户籍背后的社会保障和福利的制度或政策性歧视，其中子女教育、医疗、失业保障是农民工最为关注的体制性因素。进入21世纪以来，虽然政府加大了户籍制度改革力度，但遗憾的是，到目前为止农民工市民化进程依旧缓慢。废除施加在农民工身上的不公平的制度或政策，赋予农民工平等的社会保障和福利，有助于促进其家庭消费随工资性收入的增长而增长，这对于中国经济增长从投资和出口导向型向内需驱动转型具有重要作用。

7.3　研究展望

在研究过程中，还发现很多未来值得深入研究的问题：

第一，虽然本研究利用山西省农村固定观察点农户跟踪调查数据对农户家庭储蓄行为进行研究，主要研究农村家庭与劳动力转移家庭的储蓄行为的差异，但更充分的研究应该考虑农村居民、劳动力转移家庭和城镇居民或者已经市民化的农民工，充分分析上述主体间的不同储蓄行为，有助于对中国居民家庭储蓄行为的变迁过程有更深刻的理解，为刺激消费、扩大内需提供更多可操作性的政策建议。可以考虑利用中国家庭金融调查（中国家庭收入调查）、固定观察点数据以及农民工调查数据等对上述问题做出全面系统分析，全面诠释中国农村家庭储蓄率高以及不断上升的原因。

第二，影响农户家庭储蓄的因素是复杂的，既有城乡"二元"分治导致的结构性因素，又受到农村劳动力转移动机、对未来的预期影响，还受到政府新农村建设以及农地产权制度等的影响。限于目前数据和资料，本研究未对上述因素进行分析，未来可以通过调查劳动力转移动机以及新农村建设和农地产权等对农村家庭储蓄行为进行研究。

第三，从微观到宏观的研究是近些年来经济学常用的研究手段，未来可以借助中国家庭金融调查数据库，比较农民工家庭、农村居民和城镇居民的储蓄行为，通过模拟仿真法测算转移劳动力市民化对降低国民总储蓄率的贡献。

参考文献

［1］ANTONIDES G., RANYARD R. *Mental Accounting and Economic Behavior*［M］.In R. Ranyard, Hoboken, NJ: Wiley, 2018.

［2］ACHDOU Y., HAN J., LASRY J., *Income and Wealth Distribution in Macroeconomics: A Continuous-time Approach*［R］. National Bureau of Economic Research. Working Paper, 2017.

［3］AIVAGARI R. *Uninsured Idiosyncratic Risk and Aggregate Saving*［J］. Quarterly Journal of Economics, 1994, 109(3): 659-684.

［4］ALTUG S., FIRAT M., *Borrowing Constraints and Saving in Turkey, Borrowing Constraints and Saving in Turkey*［J］. Central Bank Review, 2018, (18):1-11.

［5］AMERY H.P., ANDERSON W.P. *International Migration and Remittance to A Lebanese Village*［J］.The Canadian Geographer, 1995, 39(1): 461)Ca

［6］AGARWAL R., HOROWITZ A.W. *Are International Remittances Altruism or Insurance? Evidence From Guyana Using Multiple Migrant Households*［J］. World Development, 2002, (30): 2033-2044.

［7］BAUER T.K, Sinning M.G. *The Savings Behavior of Temporary and Permanent Migrants in Germany*［J］. Journal Behavior of Temporary and Permanent Migrants in Germany, 2011, 24(2): 421-449.

［8］BALTAGI B.H. *Economic Analysis of Panel Data*［M］.New York: Wiley, 1995.

〔9〕BELKE A., DREGER C., OCHMANN R. *Do Wealthier Households Save More? The Impact of the Demographic Factor*〔J〕. IEEP, 2014,12 (2): 1632)lth

〔10〕BROWNING M., LUSARDI A. *Household Saving: Micro Theories and Micro Facts, Journal of Economic Literature*〔J〕.1996, 34(4):1797−1855.

〔11〕BLUNDELL R., BOND S., *Initial Conditions and Moment Restrictions in Dynamic Panel Data Models*〔J〕, Journal of Econometrics, 1998, 87:115−143.

〔12〕BLANCHARD O., GIAVAZZI F. *Rebalancing Growth in China: A Three−Handed Approach, China and World Economy*〔J〕.2006, 14(4):1−20.

〔13〕BUTELMANN A., GALLEGO F. *Household Saving in China: Microeconomic Evidence*〔R〕. Central Bank of Chile Working Paper,2000.

〔14〕BUSSOLO M., SCHOTTE S., MATYTSIN M. *Accounting for the Bias Against the Life−cycle Hypothesis in Survey Data: An Example For Russia*〔J〕.The Journal of the Economics of Ageing, 2017,9:1857,our

〔15〕CAMBELL J.Y., DEATION A.S. *Why Is Consumption So Smooth, Review of Economic Study*〔J〕.1989,56:357−373.

〔16〕CHAMON M., LIU K., PRASAD E. *Income Uncertainty and Household Savings in China*〔J〕. Journal of Development Economics, 2013,105:164−177.

〔17〕CHAMON M., PRASAD E., *Why Are Saving Rates of Urban Households in China Rising?*〔J〕.American Economic Journal: Macroeconomics, 2010, 2(1):93−130.

〔18〕CHANG X., AN T., TAM P.,GU X. *National Savings Rate and Sectoral Income Distribution: An Empirical Look at China*, China Economic Review, 2020, 61:1−15.

〔20〕CHEN X.F. *Why Do Migrant Households Consume So Little?*〔J〕.China Economic Review, 2018, 49:1978,w,c

〔21〕CHEN J.L, KUAN C.M.,LIN C.C. *Saving and Housing of Taiwanese Households: New Evidence from Quantile Regression Analyses*, Journal of Housing Economics, 2007,16:102−126.

〔22〕CHEN B., LU M., ZHONG N. *How urban segregation distorts Chinese*

Migrants consumption? [J], World Development,2015,70:133d Dev

[23] CHU T., WEN Q. *Can income inequality Explain Chinarantsds: New Evid* [J]. International Review of Economics and Finance, 2017,52:222-235.

[24] CHEN J.L, KUAN C.M., LIN C.C. *Saving and Housing of Taiwanese Households: New Evidence from Quantile Regression Analyses* [J].Journal of Housing Economics, 2007,16(2):102-126.

[25] CHAO C., LAFFARGUE J., Yu E. *The Chinese Saving Puzzle and the Life-cycle Hypothesis: A Revaluation* [J]. China Economic Review, 2011, 22:1081, Ec

[26] CHOI H., LUGAUER S., MARK N.C. *Precautionary Saving of Chinese and U.S.Households* [J], Journal of Money, Credit and Banking, 2017, 49(4):635-661.

[27] CURTISC., LUGAUER S., Mark N. *Demographics and Aggregate household saving in Japan,China and India* [J]. Journal of Macroeconomics, 2017, 51:1757, nal

[28] DUSTMANN C., GöRLACH J.S. *The economics of Temporary Migrations* [C]. Centre for research and analysis of migration discussion paper series. London: University College London, 2015.

[29] DUESENBERRY J.S. *Income, Saving and the Theory of Consumer Behavior* [M]. Harvard University Press, Cambridge,1949.

[30] DUSTMANN C. *Temporary Migration,Consumption and Labour Supply* [M]. In M. Baldassarri and B.Chiarini (Eds.). Studies in Labour Markets and Industrial Relations. Houndmills, Basingstoke, Hampshire; New York: Palgrave Macmillan, 2003.

[31] ENGELHARDT G. *House Prices and Home Owner Saving Behavior* [J]. Regional Science and Urban Economics, 1996,26:313-336.

[32] FANG Z., SAKELLARIOU C. *Living Standards Inequality Between Migrants and Local Residents in Urban China: A Quantile Decomposition* [J]. Contemporary Economic Policy, 2016,34(2):3692)emp

[33] GE S., YANG D., ZHANG J. *Population Policies, Demographic*

Structural Changes and the Chinese Household Saving Puzzle［J］. European Economic Review, 2018,101:1818,pea

［34］GOLDBERGER A.S. *Structual Equation Models in the Social Sciences*［M］.Seminar Press,1973.

［35］GREENSPAN A. *The Fed DidnnPressels in the Social Sci*［N］. Wall Street Journal. March 4ᵗʰ, 2009.

［36］GIAVAZZI F., MICHAEL M.M. *Policy Uncertainty and Precautionary Saving*［R］. NBER, Working Paper, 2008.

［37］GIAVAZZI F., MAHON M.M. *Policy Uncertainty and Household Savings, Review of Economics and Statistics*［J］.2012,94(2):517−531.

［38］GRIGOLI F., HERMAN A., SCHMIDT−HEBBEL K. *Saving in the World*［J］. World Development,2018,104(5):23−46.

［39］GALOR O., STARK O. *Migrantsevelopment,and Household Savings, Review of Econnd Migrantsevelopment,an*［J］. International Economic Review, 1990,31(2): 463−467.

［40］GU X., TAM P., LI G., ZHAO Q. *An Alternative Explanation for High Saving in China: Rising Inequality*, International Review of Economics & Finance, 2020, 69(9):1082−1094.

［41］HORIOKA C.Y., Wan J. *The Determinants of Household Saving in China: A Dynamic Panel Analysis of Provincial Data*［J］.Journal of Money Credit & Banking,2007, 39 (8):2077−2096.

［42］HALL R.E. *Stochastic Implications of the Life Cycle−permanent Income Hypothesis: Theory and Evidence*［J］. Journal of Political Economy, 1978,86: 971−987.

［43］HIGGINS M., WILLIAMSON J.G. *Asian Demography and Foreign Capital Dependence*［R］.NBER Working Papers,1996.

［44］HE H., HUANG F., LIU Z., ZHU D. *Breaking the Papersd Foreign Capital Depen Precautionary Savings From the Chinese State−owned Enterprises Reform*［J］. Journal of Monetary Economics, 2018, 94:9418, na

[45] HORIOKA C., WAN J.M. *How China Achieved Worldomics, hinese State-owned Enterprises Reform: Theory* [J]. Credit & Banking.2007,12:34-56.

[46] HORIOKA C., TERADA-HAGIWARA A. *The Determinants and Long-term Projections of Saving Rates in Developing Asia* [J]. Japan and the World Economy. 2012, 24(2): 128-137.

[47] HORIOKA C.Y., Wan J. *The Determinants of Household Saving in China: A Dynamic Panel Analysis of Provincial Data* [J].Journal of Money Credit & Banking, 2007, 39 (8): 132-150.

[48] HORIOKA, C. *Saving for Housing Purchase in Japan* [J]. Journal of the Japanese and International Economics, 1988, 2:351-384.

[49] HOLBROOK R., STAFFORD F. *The Propensity to Consume Separate Types of Income: A Generalized Permanent Income Hypothesis* [J]. Econometrica, 1971,39: 1-21.

[50] JORGENSON D. The Development of a Dual Economy, Economic Journal, 1961,71: 309-334.

[51] KRAAY A., 2000, Household Saving in China, World Bank Economic Review, 2000,14 (3) :545-570.

[52] KING R., LEVINE R. *Finance, Entrepreneurship and Growth: Theory and Evidence* [J]. Journal of Monetary Economics, 1993, 32(3):513-542.

[53] KIMBALL M. *Precautionary Saving in the Small and in the Large* [J]. Econometrica, 1990, 58(1):53-73.

[54] KELLY A.C., SCHMIDT R.M. *Saving, Dependency and Development* [J]. Journal of Population Economics. 1996, 9(4): 365-386.

[55] KOSHELA E., LOIKKANEN H., Viren M. *House Prices, Household Saving and Financial Market Liberalization in Finland* [J]. European Economic Review, 1992, 36:549-558.

[56] KOENKER R., BASSETT G. *Regression Quantiles* [J]. Econometrica, 1978,46: 107-112.

[57] KIRCHLER E., WAHL I. *Tax Compliance Inventory TAX-I: Designing*

an Inventory for Surveys of Tax Compliance [J] . Journal of Economic Psychology, 2010, 31:3310, al.

[58] LEWIS W.A. *Economic Development with Unlimited Supplied of Labor* [J] . The Manchester School of Economic and Social Studies, 1954, 4:139−191.

[59] LELAND H.E. *Saving and Uncertainty: The Precautionary Demand for Saving* [J] . Quarterly Journal of Economics, 1968, 82(3): 465−473.

[60] LEVENKO N. *Perceived Uncertainty as A Key Driver of Household Saving* [J] . International Review of Economics and Finance, 2020, 65: 126,rnat

[61] LUCAS R. E., STARK O. *Motivation to Remit: Evidence From Botswana* [J] . Journal of Political Economy, 1985, 93, 9011 of

[62] LIU Q., REILLY B. *Income Transfers of Chinese Rural Migrants: Some Evidence from Jinan* [J] . Applied Economics, 2004, 36, 1295Economi.

[63] LUGAUER S., NI J., YIN Z. *Chinese Household Saving and Dependent Children: Theory and Evidence* [J] . China Economic Review, 2019, 57:1−13.

[64] LOAYZA N., SCHMIDT−HEBBEL K., SERVEN L. *What Drives Private Saving Across the World, Review of Economics and Statistics* [J] . 2000,82(2): 165−181.

[65] MMENG L., Zhao M. Permanent and Temporary Ruralthe World, Review of Economics and Statisticsving across the World, Review of Eco2018,51:2288,ane

[66] MENG X., XUE S., Xue J. *Consumption and Savings of Migrant Households: 2008−2014* [M] , Published by ANU Press, 2016.

[67] MUEHLBACHER S., HARTL B., KIRCHLER E. *Mental Accounting and Tax Compliance: Experimental Evidence for the Effect of Mental Segregation of Tax Due and Revenue on Compliance* [J] . Public Finance Review, 2017, 45:1187lic F

[68] MUEHLBACHER S., KIRCHLER E. *Mental Accounting of Self−employed Taxpayers: On the Mental Segregation of the Net Income and the Tax Due* [J] . Finanzarchiv public finance analysis, 2013, 69, 412sccou

[69] MORIIZUMI Y. *Taregeted Saving by Renters for Housing Purchas in Japan* [J] . Journal of Urban Economics, 2003, 53, 494−509.

［70］MODIGLIANI F., BRURNBERG R. *Utility Analysis and the Consumption Function: An Interpretation of Cross—Section Data* ［M］. Rutgers University Press, New Brunswick,1954.

［71］MODIGLIANI F., Cao S.L. *The Chinese Saving Puzzle and the Life-cycle Hypothesis* ［J］. Journal of Economic Literature, 2004, 42(1):145—170.

［72］NIIMI Y., HORIOKA C. *The Wealth Decumulation Behavior of the Retired Elderly in Japan: The Relative Importance of Precautionary Saving and Bequest Motives* ［J］, Journal of the Japanese and International Economies, 2019, 51, 52—63.

［73］PAN Y. *Understanding the rural and urban household Saving Rise in China* ［J］. Regional Science and Urban Economics, 2016, 56: 466,o.

［74］PASCUAL—SAEZ M., CANTARERO—PRIETO D., MANSON J. *Does Population Ageing Affect Savings in Europe?* ［J］. Journal of Policy Modeling, 2020, 42:291—306.

［75］PIRACHA M., ZHU Y. *Precautionary Savings by Natives and Immigrants in Germany* ［J］. Applied Economics, 2012, 44(21):2767—2776.

［76］PARK D., SHIN K. *Saving, Investment and Current Account Surplus in Developing Asia* ［R］.Asian Development Bank, Working Paper, 2009.

［77］ROCKENBACH B. *The Behavior Relevance of Mental Accounting for Pricing of Financial Options* ［J］.Journal of Economic Behavior and Organization, 2004, 53(4):513—528.

［78］STARK O.*The migration of labor* ［M］.Cambridge: Basil Blackwell,1991.

［79］SHEINER L. *Housing Prices and the Savings of Renters* ［J］. Journal of Urban Economics, 1995, 38, 94—125.

［80］SONG L., GARNAUT R., CAI F., JOHNSTON L. *Reform, Resources and Climate Change, Chapter Title: Xin Meng, Sen Xue and Jinjun Xue, Consumption and Savings of Migrant Households: 2008-2014* ［M］. 159—195, Published by: ANU Press, 2016.

［81］Sinning M.G. *Determinants of Savings and Remittances: Empirical*

Evidence From Immigrants to German ［ J ］. Review of Economics of the Household, 2011, 9(1), 34−59.

［82］SEILER M., SEILER J., LANE M.A. *Mental Accounting and False Reference Points in Real Estate Investment Decision Making* ［ J ］. Journal of Behavioral Finance, 2012, 13:17−26.

［83］SCHULTZ T.P. *Demographic Determinants of Savings: Estimating and Interpreting the Aggregate Association in Asia China* ［ J ］. Economic Quarterly, 2005, 65(1): 9−35.

［84］TODARO M.P. *Model of Labor Migration and Urban Unemployment in Less Developed Countries* ［ J ］. The American Economic Review, 1969, 23(59):138−148.

［85］VENDRYES T. *Migration Constraints and Development: Hukou and Capital Accumulation in China* ［ J ］. China Economic Review, 2011,22, 669Econo

［86］WEI S., ZHANG X. *The Competitive Saving Motive: Evidence from Rising Sex Ratios and Savings Rates in China* ［ J ］. Journal of Political Economy, 2011, 119(3): 511−564.

［87］WANG X., WEN Y. *Can Rising Housing Prices Explain China s High Household Saving Rate* ［ J ］. Federal Reserve Bank of St.Louis Review, 2011, 93: 67−88.

［88］WANG M., Cai F. *Destination consumption: Chinauis Review, High Household Saving Rate a Conext* ［ M ］. Australia: Australian National University Press, 2105.

［89］YASIN J. *Demographic Structure and Private Savings: Some Evidence from Emerging Markets* ［ R ］.Working Paper, 2007.

［90］YAO D., XU Y., ZHANG P. *How A Disaster Affects Household Saving: Evidence From Chinam EmergiWenchuan Earthquake* ［ J ］. Journal of Asian Economics, 2019, 64:101−133.

［91］YANG D.T. *Aggregate Savings and External Imbalances in China* ［ J ］, The Journal of Economic Perspectives, 2012, 26(4): 125−146.

［92］ZELDES S.P. *Optimal Consumption with Stochastic Income: Deviations from Certainty Equivalence*［J］，Quarterly Journal of Economics, 1989,104(2): 275-298.

［93］保罗·舒尔茨.人口结构和储蓄：亚洲的经验证据及其对中国的意义［J］.经济学（季刊），2005，（4）：991-1018.

［94］白重恩、钱震杰.谁在挤占居民的收入——中国国民收入分配格局分析［J］.中国社会科学，2009，（5）：99-116.

［95］崔菲菲、杨静、傅康生.农村劳动力转移对家庭储蓄率的异质性影响研究［J］.统计与信息论坛，2019，（12）：14-23.

［96］蔡雪雄、邵晓.二元经济结构理论最新研究动态［J］.经济学动态，2008，（1）：94-97.

［97］昌忠泽.人口老龄化的经济影响——对文献的研究和反思［J］.财贸研究，2018，（2）：11-22.

［98］陈彦斌、邱哲圣.高房价如何影响居民储蓄率和财产不平等［J］.经济研究，2011，（10）：25-38.

［99］程名望、史清华、Jin等.市场化、政治身份及其收入效应——来自中国农户的证据［J］.管理世界，2016，（3）：46-59.

［100］蔡雪雄、邵晓.二元经济结构理论最新研究动态［J］.经济学动态，2008，（1）：94-97.

［101］段成荣、杨舸、张斐等.改革开放以来我国流动人口变动的九大趋势［J］.人口研究，2008，32（6）：30-43.

［102］董丽霞、赵文哲.不同发展阶段的人口转变与储蓄率研究［J］.世界经济，2013，（3）：80-102.

［103］樊纲、吕焱.经济发展阶段与国民储蓄率提高：刘易斯模型的扩展与应用［J］.经济研究，2013，（3）：19-29.

［104］樊纲、魏强、刘鹏.中国经济的内外均衡与财税改革［J］.经济研究，2009，（8）：18-26.

［105］冯明.农民工与中国高储蓄率之谜——基于搜寻匹配模型的分析［J］.管理世界，2017，（4）：20-31.

［106］傅程远、陈蕾.人口因素对居民储蓄率的影响研究［J］.经济经纬，2017，（3）：89-113.

［107］甘犁、赵乃宝、孙永智.收入不平等、流动性约束与中国家庭储蓄率［J］.经济研究，2018，（12）：34-50.

［108］高帆.交易效率、分工演进与二元经济结构转化［D］.西北大学博士论文，2004年.

［109］葛晶、李翠妮、张龙.市场环境对城镇居民地区消费差距的影响［J］.当代经济科学，2019，（2）：77-87.

［110］黄祖辉、胡伟斌.中国农民工的演变轨迹与发展前瞻［J］.学术月刊，2019，51（3）：48-55.

［111］胡翠、许召元.人口老龄化对储蓄率影响的实证研究——来自中国家庭的数据［J］.经济学（季刊），2014，13（4）：1345-1364.

［112］李江一."房奴效应"导致居民消费低迷了吗?［J］.经济学季刊，2017，（10）：405-430.

［113］李雪松、黄彦彦.房价上涨、多套房决策与中国城镇居民储蓄率［J］.经济研究，2015，（9）：100-113.

［114］李扬、殷剑锋.劳动力转移过程中的高储蓄、高投资和中国经济增长［J］.经济研究，2005，（2）：4-15.

［115］李瑞琴、肖忠意.城镇化进程中农民工家庭消费储蓄行为决策机制［J］.经济经纬，2019，36（4）：16-23.

［116］刘生龙、程文银、熊雪.新生代农民工与中国农村储蓄率下降［J］.中国农村经济，2016，（3）：2-11.

［117］刘彬彬、崔菲菲、史清华.劳动力流动与村庄离婚率［J］.中国农村经济，2018，（10）：1-22.

［118］罗楚亮.经济转轨、不确定性与城镇居民消费行为［J］.经济研究，2004，（4）：100-106.

［119］罗晰文.西方消费理论发展演变研究［D］.东北财经大学博士论文，2014.

［120］谭静、余静文、饶璨.二元结构下中国流动人口的回迁意愿与储蓄行

为［J］.金融研究，2014，（12）：23-38.

［121］汪伟、艾春荣.人口老龄化与中国储蓄率的动态演化［J］.管理世界，2015，（6）：47-62.

［122］徐丽芳、许志伟、王鹏飞.金融发展与国民储蓄率：一个倒U型关系［J］.经济研究，2017，（2）：111-124.

［123］毛盛志、温兴祥、陈杰.户籍制度背景下农民工与城市移民的储蓄率差异［J］.中南财经政法大学学报，2018，227（2）：136-145.

［124］彭小辉、史清华、朱喜.不同来源的收入消费倾向一致吗——基于全国农村固定观察点数据的实证［J］.中国农村经济，2013，337（1）：46-54.

［125］彭小辉、王玉琴、史清华.山西农家行为变迁：1986—2012［M］.北京：中国农业出版社，2017.

［126］彭小辉、张碧超、史清华.劳动力流动与农村离婚率——基于劳动力双向流动视角［J］.世界经济文汇，2018，（4）：36-52.

［127］瞿凌云.储蓄率居高不下的人口年龄结构影响分析——基于微观家庭的养老和子女教育储蓄动机的研究［J］.金融发展研究，2016，（6）：24-32.

［128］钱文荣、李宝值.不确定性视角下农民工消费影响因素分析［J］.中国农村经济，2013（11）：57-71.

［129］沈坤荣、谢勇.中国城镇居民储蓄率的影响因素：1997—2008——基于省级动态面板数据的实证研究［J］.上海经济研究，2011（9）：3-10.

［130］宋明月、臧旭恒.我国居民预防性储蓄重要性的测度——来自微观数据的证据［J］.经济学家，2016，（1）：89-97.

［131］宋铮.中国居民储蓄行为研究［J］.金融研究，1999，（6）：46-50.

［132］速水佑次郎著，李周译.发展经济学——从贫困到富裕（第三版）［M］.社会科学文献出版社，2009.

［133］苏布拉塔·加塔克、肯·英格森特.农业与经济发展［M］.华夏出版社，1987.

［134］孙豪、毛中根.居民收入结构对文化消费增长的影响研究［J］.2018，（5）：34-42.

［135］唐文进.从绝对收入假设到货币政策主张：凯恩斯理论的逻辑探析

[J].国外财经，2001，（2）：7-12.

[136]田靓、万映红、董兰兰.消费者购买决策中心理活动维度的实证研究——基于心理账户理论[J].中国管理科学，2016，（11）：199-205.

[137]佟新华、孙丽环.中国省际劳动力流动的主要影响因素分析[J].吉林大学社会科学学报，2014，54（5）:65-72.

[138]万广华、史清华、汤树梅.转型经济中农户储蓄行为：中国农村的实证研究[J].经济研究，2003，（5）：25-38.

[139]汪伟.经济增长、人口结构变化与中国高储蓄[J].经济学（季刊），2009，9（1）：30-52.

[140]汪伟、郭新强.收入不平等与中国高储蓄率：基于目标向消费视角的理论与实证研究[J].管理世界，2011，（9）：7-25，52.

[141]汪伟、吴坤.中国城镇家庭储蓄率之谜——基于年龄－时期－组群分解的再考察[J].中国工业经济，2019，（7）：81-100.

[142]王建英、韩燕明、喻逸涵.劳动力转移率与城乡收入差距对高储蓄率的影响[J].经济理论与经济管理，2018，（7）：100-112.

[143]王克稳、李敬强、徐会奇.不确定性对中国农村居民消费行为的影响研究——消费不确定性和收入不确定性的双重视角[J].经济科学，2013，（5）：88-96.

[144]王树、吕昭河、姜迪.城乡二元结构下的人口红利的储蓄效应[J].西北人口，2018，（3）：1-9.

[145]王树、吕昭河.人口红利与"储蓄之谜"的实证研究——基于动态演化模型的实证分析[J].华中科技大学学报（社会科学版），2018，（6）：51-62.

[146]王树、吕昭河."人口红利"与"储蓄之谜"的实证研究——基于省级面板数据的实证分析[J].人口与发展，2019，（2）：64-75.

[147]谢勇.中国农村居民储蓄率的影响因素分析[J].中国农村经济，2011，（1）：77-87.

[148]谢勇、沈坤荣.非农就业与农村居民储蓄率的实证研究[J].经济科学，2011，（4）：76-87.

［149］徐忠、张雪春、丁志杰等.公共财政与中国国民收入的高储蓄倾向
［J］.中国社会科学，2010，（6）：93-107.

［150］姚东旻、许艺煊、张鹏远.再论中国的"高储蓄率之谜"——预防性
储蓄的决策机制和经验事实［J］.世界经济文汇，2019，（2）：13-36.

［151］严斌剑、周应恒、于晓华.中国农村人均家庭收入流动性研究：
1986—2010［J］.经济学（季刊），2014，13（3）：939-968.

［152］杨汝岱、陈斌开、朱诗娥.基于社会网络视角的农户民间借贷需求行
为研究［J］.经济研究，2011，（11）：116-129.

［153］杨天宇、荣雨菲.高收入会导致高储蓄率吗——来自中国的证据
［J］.经济学家，2015，（4）：74-81.

［154］赵西亮、梁文泉、李实.房价上涨能够解释中国城镇居民高储蓄率
吗？——基于CHIP微观数据的实证分析［J］.经济学（季刊），2013，13（1）：
81-102.

［155］周燕、佟家栋."刘易斯拐点"、开放经济与中国二元经济转型［J］.
南开经济研究，2012，（5）：3-17.

［156］张勋、刘晓光、樊纲.农业劳动力转移与家户储蓄率上升［J］.经济
研究，2014，（4）：130-142.

［157］张延、张轶龙.理查德·塞勒对实验经济学的贡献［J］.经济学动
态，2017，（12）：116-132.

［158］张红梅.戴尔·乔根森及其经济理论——第12届约翰·贝茨·克拉
克奖获得者评介［J］.经济学动态，1995，（5）：73-77.

［159］钟宁桦、朱亚群、陈斌开.住房体制改革与中国城镇居民储蓄［J］.
学术研究，2018，50（6）：43-56.

［160］朱信凯、杨顺江.中国农户短视消费行为分析［J］.中国农村观察，
2001，（6）：17-22.

［161］周建、艾春荣、王丹枫等.中国农村消费与收入的结构效应［J］.经
济研究，2013，（2）：122-133.

［162］张慧芳、朱雅玲.居民收入结构与消费结构关系演化的差异研究——
基于AIDS扩展模型［J］.经济理论与经济管理，2017，（12）：23-35.

附　　录

农户调查制度

中共中央政策研究室
农　业　部

农村固定观察点办公室制定

中华人民共和国国家统计局批准

2011 年 9 月

（一）分组标志及家庭成员构成情况

1. 分组标志

表　　号：农市（农研户）1 表
制表机关：农 业 部
批准机关：国家统计局
省（自治区、直辖市）　地（市、州、盟）　县（区、市、旗）　批准文号：国统制〔2010〕120 号
行政区划代码：□□_□□_□□　　　　　　　　　有　效　期：两年
综合机关名称：

	单位	代码	数值
1. 省码	——	SM	
2. 村码	——	CM	
3. 组码	——	ZM	
4. 户码	——	HM	
5. 家庭类型	——	NH1A-5	
6. 家庭收入主要来源	——	NH1A-6	
7. 家庭经营主业	——	NH1A-7	
8. 是否国家干部职工户	——	NH1A-8	
9. 是否乡村干部户	——	NH1A-9	
10. 是否党员户	——	NH1A-10	
11. 是否军烈属户	——	NH1A-11	
12. 是否五保户	——	NH1A-12	
13. 是否上次调查户	——	NH1A-13	
14. 是否少数民族户	——	NH1A-14	
15. 是否信教户	——	NH1A-15	
16. 家庭常住人口数	——	NH1A-16	
17. 家庭劳动力数	——	NH1A-17	

单位负责人：　　　　统计负责人：　　　　填表人：　　　报出日期：2011 年 12 月 20 日

填报说明：指标取值：

家庭类型	核心家庭	1	家庭经营主业	种植业	1	建筑业	6
	直系家庭	2		林业	2	运输业	7
	扩展家庭	3		畜牧业	3	商业、饮食、服务业	8
	不完全家庭	4		渔业	4	其他	9
	其他	5		工业	5	无家庭经营	0

家庭收入主要来源	家庭经营为主	1	受雇经营者为主	4
	私营企业经营为主	2	国家干部职工、乡村干部工资为主	5
	受雇劳动者为主	3	其他	6

是否党员户	是	1	是否国家干部职工户	是	1	是否五保户	是	1	是否少数民族户	是	1
	否	2		否	2		否	2		否	2
是否军烈属户	是	1	是否乡村干部户	是	1	是否上次调查户	是	1	是否信教户	是	1
	否	2		否	2		否	2		否	2

2. 家庭成员的构成及就业情况

家庭成员序号	代码	1 户主	2	3	4	5	6	7	8	9
与户主关系	NH1B-1									
性别	NH1B-2									
年龄（周岁）	NH1B-3									
是否农业户口	NH1B-4									
是否在校学生	NH1B-5									
在家居住时间（日）	NH1B-6									
文化程度（在校几年）	NH1B-7									
是否有专业技术职称	NH1B-8									
是否受过非农职业教育	NH1B-9									
是否受过非农培训	NH1B-10									
是否受过农业技术教育	NH1B-11									
是否受过农业培训	NH1B-12									
自我认定的健康状况	NH1B-13									
是否家庭经营决策者	NH1B-14									
职业	NH1B-15									
从事主要行业	NH1B-16									
本乡镇内从事农业劳动时间（日）	NH1B-17									
本乡镇内从事非农业劳动时间（日）	NH1B-18									
外出从业时间（日）	NH1B-19									
外出从业收入（元）	NH1B-20									
外出从业支出（元）	NH1B-21									
外出从业地点	NH1B-22									

续表

家庭成员序号	代码	1 户主	2	3	4	5	6	7	8	9
外出从业时间最长的省份	NH1B-23									
外出从事主要行业	NH1B-24									
外出就业类型	NH1B-25									
一事一议出工（日）	NH1B-26									

单位负责人：　　　　统计负责人：　　　　填表人：　　　　报出日期：2011 年 12 月 20 日

填报说明：NH1B-1.与户主关系：1.户主　2.配偶　3.子女或其配偶

　　　　　4.孙子女或其配偶　5.父母　6.祖父母　7.兄弟姐妹　8.其他

NH1B-2.性别：1.男 2.女

NH1B-4.是否农业户口：1.农业户口　2 非农业户口　3.未上户口

NH1B-5.是否在校学生：1.是　2.否

NH1B-8.是否有专业技术职称：1.是　2.否

NH1B-9.是否受过非农职业教育：1.是　2.否

NH1B-10.是否受过非农培训：1.是　2.否

NH1B-11.是否受过农业技术教育：1.是　2.否

NH1B-12.是否受过农业培训：1.是　2.否

NH1B-13.自我认定的健康状况：1.优　2.良　3.中　4.差　5.丧失劳动能力

NH1B-14.是否家庭经营决策者：1.是　2.否

NH1B-15.职业：1.家庭经营农业劳动者　2.家庭经营非农业劳动者

　　　　　3.受雇劳动者　4.个体合伙工商劳动经营者

　　　　　5.私营企业经营者　6.乡村及国家干部

　　　　　7.教育科技医疗卫生和文化艺术工作者　8.其他

NH1B-16.从事主要行业：1.农林牧渔业　2.采矿业　3.制造业

　　　　　4.电力、燃气及水的生产和供应业　5.建筑业

　　　　　6.交通运输、仓储和邮政业　7.批发和零售业

　　　　　8.住宿和餐饮业　9.租赁和商务服务业

　　　　　10.居民服务和其他服务业　11.其他

NH1B-22.外出从业地点：1.乡镇外县内　2.县外省内　3.外省　4.境外

NH1B-23.外出从业时间最长的省份：填写该省省码

NH1B-24.外出从事主要行业分类，同NH1B-16

NH1B-25.外出就业类型：1.自主经营　2.受雇稳定工作　3.打零工　4.其他

（二）土 地 情 况

	单位	代码	数值
一、耕地情况	——	——	——
（一）承包田总面积	亩	NH2-1	.□
（二）经营耕地情况	——	——	——
1.年初经营耕地面积	亩	NH2-2	.□
其中：承包田	亩	NH2-3	.□
承包村组内机动地	亩	NH2-4	.□
转包田	亩	NH2-5	.□
2.年内增加耕地面积	亩	NH2-6	.□
其中：转包入	亩	NH2-7	.□
3.年内减少耕地面积	亩	NH2-8	.□
其中：退耕还林还草	亩	NH2-9	.□
转包出	亩	NH2-10	.□
其中：转包给企业	亩	NH2-11	.□
转包给农民专业合作组织	亩	NH2-12	.□
转包给其他农户	亩	NH2-13	.□
其中：转包给村外	亩	NH2-14	.□
4.年末经营耕地面积	亩	NH2-15	.□
其中：承包田	亩	NH2-16	.□
承包村组内机动地	亩	NH2-17	.□
转包田	亩	NH2-18	.□
二、年末实际经营耕地块数	块	NH2-19	
1.不足1亩	块	NH2-20	
2.1～3亩	块	NH2-21	
3.3～5亩	块	NH2-22	
4.5亩以上	块	NH2-23	
三、年末实际经营耕地类型	——	——	——
1.水田	亩	NH2-24	.□

	单位	代码	数值
2. 旱田	亩	NH2-25	.□
其中：水浇田	亩	NH2-26	
3. 保护地（塑料大棚）	亩	NH2-27	
四、年末经营园地面积	亩	NH2-28	
其中：果园面积	亩	NH2-29	
茶园面积	亩	NH2-30	
桑园面积	亩	NH2-31	
五、林地情况	——	——	——
（一）承包林地面积	亩	NH2-32	
（二）年内转包入林地面积	亩	NH2-33	
（三）年内转包出林地面积	亩	NH2-34	
其中：转包给企业	亩	NH2-35	
转包给农民专业合作组织	亩	NH2-36	
转包给其他农户	亩	NH2-37	
（四）年末经营面积	亩	NH2-38	
其中：有林地面积	亩	NH2-39	
六、年末经营草场牧地面积	亩	NH2-40	
七、年末经营水面面积	亩	NH2-41	
其中：海水养殖面积	亩	NH2-42	
其中：池塘养殖面积	亩	NH2-43	
淡水养殖面积	亩	NH2-44	

（三）固定资产情况

	单位	代码	数值
一、年末拥有生产性固定资产原值	元	NH3-1	
1. 役畜、种畜、产品畜	元	NH3-2	
2. 大中型铁木农具	元	NH3-3	
3. 农林牧渔业机械	元	NH3-4	
4. 工业机械	元	NH3-5	
5. 运输机械	元	NH3-6	
6. 生产用房	元	NH3-7	

续表

	单位	代码	数值
7.设施农业固定资产	元	NH3-8	
8.其他	元	NH3-9	
二、年末拥有主要生产性固定资产	——	——	——
（一）役畜头数	头	NH3-10	
（二）种畜、产品畜头（只）数	头（只）	NH3-11	
（三）大中型铁木农具件数	件	NH3-12	
（四）农林牧渔业机械台数	台	NH3-13	
农林牧渔业机械动力数	千瓦	NH3-14	
（五）工业机械台数	台	NH3-15	
其中：农产品加工机械台数	台	NH3-16	
工业机械动力数	千瓦	NH3-17	
其中：农产品加工机械动力数	千瓦	NH3-18	
（六）汽车	辆	NH3-19	
运输用拖拉机	辆	NH3-20	
农用机动车	辆	NH3-21	
胶轮车	辆	NH3-22	
（七）生产用房面积	平方米	NH3-23	

（四）农户家庭生产经营情况

1.粮食作物生产经营情况

	粮 食 作 物					
	小麦	稻谷	玉米	大豆	薯类	其他
	NH4 A1	NH4 A2	NH4 A3	NH4 A4	NH4 A5	NH4 A6
1.播种面积（亩）						
2.实际收获面积（亩）						
3.总产量（千克）						
4.总收入（元）						
5.总费用（元）						
6.其中：种子种苗费（元）						

续表

	粮　食　作　物					
	小麦	稻谷	玉米	大豆	薯类	其他
	NH4 A1	NH4 A2	NH4 A3	NH4 A4	NH4 A5	NH4 A6
7.农家肥折价（元）						
8.化肥费用（元）						
9.农膜费用（元）						
10.农药费用（元）						
11.水电及灌溉费用（元）						
12.畜力费（元）						
13.机械作业费用（元）						
14.固定资产折旧及修理费(元)						
15.小农具购置费（元）						
16.土地租赁费用（元）						
17.其他费用（元）						
18.投工量（日）						
19.其中：雇工（日）						
20.雇工费用（元）						
21.副产品价值（元）						

2.经济作物及园地作物生产经营情况

	经　济　作　物								园地作物	
	棉花	油料	糖料	麻类	烟草	蚕桑	蔬菜	其他	水果	其他
	NH4 B1	NH4 B2	NH4 B3	NH4 B4	NH4 B5	NH4 B6	NH4 B7	NH4 B8	NH4 B9	NH4 B10
1.播种面积（亩）										
2.实际收获面积（亩）										
3.总产量（千克）										
4.总收入（元）										
5.总费用（元）										

	经　济　作　物								园地作物	
	棉花	油料	糖料	麻类	烟草	蚕桑	蔬菜	其他	水果	其他
	NH4 B1	NH4 B2	NH4 B3	NH4 B4	NH4 B5	NH4 B6	NH4 B7	NH4 B8	NH4 B9	NH4 B10
6. 其中：种子种苗费（元）										
7. 农家肥折价（元）										
8. 化肥费用（元）										
9. 农膜费用（元）										
10. 农药费用（元）										
11. 水电及灌溉费用（元）										
12. 畜力费（元）										
13. 机械作业费用（元）										
14. 固定资产折旧及修理费（元）										
15. 小农具购置费（元）										
16. 土地租赁费用（元）										
17. 其他费用（元）										
18. 投工量（日）										
19. 其中：雇工（日）										
20. 雇工费用（元）										
21. 副产品价值（元）										

3. 畜牧业生产经营情况

	单位	生猪	肉牛	肉羊	肉禽	蛋禽	奶牛	淡水产品	海水产品	其他养殖
		NH4 C1	NH4 C2	NH4 C3	NH4 C4	NH4 C5	NH4 C6	NH4 C7	NH4 C8	NH4 C9
1. 经营收入	元									
2. 年初存栏数	头（只）							——	——	——
3. 年内出栏数量	头（只）							——	——	——

	单位	生猪 NH4 C1	肉牛 NH4 C2	肉羊 NH4 C3	肉禽 NH4 C4	蛋禽 NH4 C5	奶牛 NH4 C6	淡水产品 NH4 C7	海水产品 NH4 C8	其他养殖 NH4 C9
4. 年末存栏数	头（只）							—	—	—
5. 年内生产量	千克									
6. 年内损失总重量	千克									
7. 年内消耗精饲料数量	千克									
8. 年内消耗糟渣类饲料数量	千克									
9. 年内消耗青贮饲料数量	千克									
10. 当年生产经营费用	元									
11. 其中：仔畜费用	元									
12. 饲料费用	元									
13. 固定资产折旧及修理费用	元									
14. 疫病防治费用	元									
15. 其他生产经营费用	元									
16. 劳动投入	日									
17. 其中：雇佣劳动投入	日									
18. 雇工费用	元									
19. 副产品价值	元									

4.农户其他家庭经营生产情况

	单位	林业	工业		建筑业	运输业	商业、饮食业	娱乐、服务业	文教卫生业	其他行业
				其中:农产品加工业						
		NH4 D1	NH4 D2	NH4 D3	NH4 D4	NH4 D5	NH4 D6	NH4 D7	NH4 D8	NH4 D9
1.经营收入	元									
2.经营费用	元									
3.自家投工	日									
4.雇工量	日									
5.雇工费	元									

附表

种类	代码	
1.栽培水稻的主要种类	NH4-F1	
2.栽培油料的主要种类	NH4-F2	
3.栽培糖料的主要种类	NH4-F3	
4.栽培水果的主要种类	NH4-F4	

（五）出售农产品情况

		单位	代码	数值
出售主要农产品数量、金额	一、出售粮食数量	千克	NH5-1	
	出售粮食金额	元	NH5-2	
	（一）其中：出售给国家粮食数量	千克	NH5-3	
	出售给国家粮食金额	元	NH5-4	
	（二）其中：1.出售小麦数量	千克	NH5-5	
	出售小麦金额	元	NH5-6	
	2.出售稻谷数量	千克	NH5-7	
	出售稻谷金额	元	NH5-8	
	3.出售玉米数量	千克	NH5-9	
	出售玉米金额	元	NH5-10	

名称		单位	代码	数值
出售主要农产品数量、金额	4. 出售大豆数量	千克	NH5-11	
	出售大豆金额	元	NH5-12	
	5. 出售薯类数量	千克	NH5-13	
	出售薯类金额	元	NH5-14	
	二、出售棉花数量	千克	NH5-15	
	出售棉花金额	元	NH5-16	
	三、出售油料数量	千克	NH5-17	
	出售油料金额	元	NH5-18	
	四、出售糖料数量	千克	NH5-19	
	出售糖料金额	元	NH5-20	
	五、出售麻类数量	千克	NH5-21	
	出售麻类金额	元	NH5-22	
	六、出售烟叶数量	千克	NH5-23	
	出售烟叶金额	元	NH5-24	
	七、出售水果数量	千克	NH5-25	
	出售水果金额	元	NH5-26	
	八、出售蚕茧数量	千克	NH5-27	
	出售蚕茧金额	元	NH5-28	
	九、出售茶叶数量	千克	NH5-29	
	出售茶叶金额	元	NH5-30	
	十、出售药材数量	千克	NH5-31	
	出售药材金额	元	NH5-32	
	十一、出售蔬菜数量	千克	NH5-33	
	出售蔬菜金额	元	NH5-34	
	十二、出售猪肉数量	千克	NH5-35	
	出售猪肉金额	元	NH5-36	
	十三、出售牛肉数量	千克	NH5-37	
	出售牛肉金额	元	NH5-38	
	十四、出售羊肉数量	千克	NH5-39	
	出售羊肉金额	元	NH5-40	

	名称	单位	代码	数值
	十五、出售家禽（肉用）数量	千克	NH5-41	
	出售家禽（肉用）金额	元	NH5-42	
	十六、出售禽蛋数量	千克	NH5-43	
	出售禽蛋金额	元	NH5-44	
	十七、出售奶类数量	千克	NH5-45	
	出售奶类金额	元	NH5-46	
	十八、出售水产品数量	千克	NH5-47	
	出售水产品金额	元	NH5-48	
	其中：出售淡水产品数量	千克	NH5-49	
	出售淡水产品金额	元	NH5-50	
	十九、出售木材数量	立方米	NH5-51	
	出售木材金额	元	NH5-52	
	二十、出售毛竹数量	根	NH5-53	
	出售毛竹金额	元	NH5-54	
	二十一、出售林产品数量	千克	NH5-55	
	出售林产品金额	元	NH5-56	
	二十二、出售苗木、花卉金额	元	NH5-57	
	二十三、出售其他农产品金额	元	NH5-58	
出售渠道	出售农产品总金额	元	NH5-59	
	一、国有商业、供销社收购金额	元	NH5-60	
	二、外贸、工业部门收购金额	元	NH5-61	
	三、集体和农民专业合作组织收购或代销金额	元	NH5-62	
	四、集市贸易出售金额	元	NH5-63	
	五、私人收购金额	元	NH5-64	
	六、其他	元	NH5-65	
出售方式	一、预定合同销售金额	元	NH5-66	
	其中：公司＋农户形式销售金额	元	NH5-67	
	二、即时洽谈成交金额	元	NH5-68	

（六）购买种植业生产资料情况

		单位	代码	数值
购买种植业主要生产资料数量、金额	一、购买农作物种苗金额	元	NH6-1	
	二、购买园地作物种苗金额	元	NH6-2	
	三、购买化肥数量（实物量，下同）	千克	NH6-3	
	购买化肥金额	元	NH6-4	
	1. 尿素数量	千克	NH6-5	
	尿素金额	元	NH6-6	
	2. 磷酸二铵数量	千克	NH6-7	
	磷酸二铵金额	元	NH6-8	
	3. 碳酸氢铵数量	千克	NH6-9	
	碳酸氢铵金额	元	NH6-10	
	4. 过磷酸钙数量	千克	NH6-11	
	过磷酸钙金额	元	NH6-12	
	5. 钾肥数量	千克	NH6-13	
	钾肥金额	元	NH6-14	
	6. 复合肥数量	千克	NH6-15	
	复合肥金额	元	NH6-16	
	7. 其他化肥数量	千克	NH6-17	
	其他化肥金额	元	NH6-18	
	四、购买农用柴油数量	千克	NH6-19	
	购买农用柴油金额	元	NH6-20	
	五、购买料薄膜数量	千克	NH6-21	
	购买料薄膜金额	元	NH6-22	
	六、购买农药数量	千克	NH6-23	
	购买农药金额	元	NH6-24	
购买渠道	一、从国有商业、供销社购买金额	元	NH6-25	
	二、从工业部门中购买金额	元	NH6-26	
	三、从农业技术推广部门购买金额	元	NH6-27	
	四、从集体和农民专业合作组织购买金额	元	NH6-28	
	五、从个体经销商购买金额	元	NH6-29	
	六、其他	元	NH6-30	

（七）家庭全年收支情况

		单位	代码	数值
全 年 总 收 入	家庭全年总收入	元	NH7-01	
	一、家庭经营收入	元	NH7-02	
	其中：现金性收入	元	NH7-03	
	二、乡村干部、教师工资收入	元	NH7-04	
	三、本地从业工资性收入	元	NH7-05	
	四、外出从业工资性收入	元	NH7-06	
	五、租赁收入	元	NH7-07	
	其中：耕地转包收入	元	NH7-08	
	林地转包收入	元	NH7-09	
	六、利息、股息、红利收入	元	NH7-10	
	其中：从集体得到的收入	元	NH7-11	
	从农民专业合作组织得到的收入	元	NH7-12	
	七、征地补偿款	元	NH7-13	
	八、离退休金、养老金	元	NH7-14	
	九、其他非借贷性收入	元	NH7-15	
	1.从政府得到的收入	元	NH7-16	
	其中：各种救济、救灾、抚恤金	元	NH7-17	
	退耕还林、还草款	元	NH7-18	
	粮食直接补贴	元	NH7-19	
	良种补贴	元	NH7-20	
	购买生产资料综合补贴	元	NH7-21	
	购置和更新大型农机具补贴	元	NH7-22	
	家电下乡补贴	元	NH7-23	
	汽车摩托车下乡补贴	元	NH7-24	
	2.城市亲友赠送收入	元	NH7-25	
	3.家庭非常住人口寄回或带回	元	NH7-26	
	4.保险年金收入	元	NH7-27	
	5.医疗报销收入	元	NH7-28	
	6.其他	元	NH7-29	

		单位	代码	数值
非收入所得	一、农业保险赔偿	元	NH7-30	
	二、调查补贴	元	NH7-31	
	三、变卖财物所得	元	NH7-32	
	其中：变卖生产性固定资产所得	元	NH7-33	
	四、农村亲友赠送	元	NH7-34	
	五、其他非收入所得	元	NH7-35	
全年总支出	家庭全年总支出	元	NH7-36	
	一、家庭经营费用	元	NH7-37	
	其中：现金性支出	元	NH7-38	
	转包农户土地支出	元	NH7-39	
	二、购置生产性固定资产支出	元	NH7-40	
	其中：现金性支出	元	NH7-41	
	三、家庭经营外投资	元	NH7-42	
	四、向国家交纳税金	元	NH7-43	
	其中：农林牧渔业税金	元	NH7-44	
	工业、建筑业税金	元	NH7-45	
	餐饮服务、交通、文娱业税金	元	NH7-46	
	五、上交村、组集体	元	NH7-47	
	其中：承包租赁村组集体资产支出	元	NH7-48	
	其中：承包村组内机动地支出	元	NH7-49	
	一事一议筹资	元	NH7-50	
	其中：以资代劳款	元	NH7-51	
	六、生活消费支出	元	NH7-52	
	其中：现金性支出	元	NH7-53	
	生活用品租赁支出	元	NH7-54	
全年总支出	1. 食品	元	NH7-55	
	其中：现金性支出	元	NH7-56	
	（1）主食	元	NH7-57	
	（2）副食	元	NH7-58	
	（3）在外饮食	元	NH7-59	
	（4）其他	元	NH7-60	

续表

		单位	代码	数值
全年总支出	2. 衣着	元	NH7-61	
	3. 住房	元	NH7-62	
	4. 燃料	元	NH7-63	
	其中：现金性支出	元	NH7-64	
	5. 用品	元	NH7-65	
	其中：耐用品	元	NH7-66	
	6. 保险支出	元	NH7-67	
	其中：农业保险	元	NH7-68	
	养老保险	元	NH7-69	
	其中：新型农村养老保险	元	NH7-70	
	医疗保险	元	NH7-71	
	其中：新型农村合作医疗保险	元	NH7-72	
	7. 生活服务支出	元	NH7-73	
	其中：医疗、住院费	元	NH7-74	
	8. 文化服务支出	元	NH7-75	
	其中：学杂费	元	NH7-76	
	9. 旅游支出	元	NH7-77	
	10. 交通通讯支出	元	NH7-78	
	11. 其他	元	NH7-79	
	七、其他非借贷性支出	元	NH7-80	
	其中：赠送农村内部亲友	元	NH7-81	
	寄给或带给家庭非常住人口	元	NH7-82	
资金往来	家庭全年纯收入	元	NH7-83	
	一、年末存款余额	元	NH7-84	
	二、年末手存现金	元	NH7-85	
	三、年末借出款余额	元	NH7-86	
	四、年末借入款余额	元	NH7-87	
	其中：银行、信用社贷款	元	NH7-88	
	五、年末家庭外投资余额	元	NH7-89	
	其中：债券	元	NH7-90	
	股票	元	NH7-91	

		单位	代码	数值
年内累计借入款情况	年内累计借入款金额	元	NH7-92	
	一、借入款来源	——	——	——
	1.银行贷款	元	NH7-93	
	2.信用社贷款	元	NH7-94	
	信用社农业生产贷款年利息率	%	NH7-95	
	3.私人借贷	元	NH7-96	
	其中：无息借款	元	NH7-97	
	私人借款月利息率	%	NH7-98	
	4.其他	元	NH7-99	
	二、借入款用途	——	——	——
	1.生活性借款	元	NH7-100	
	其中：上学借款	元	NH7-101	
	治病借款	元	NH7-102	
	2.生产性借款	元	NH7-103	
	其中：用于农林牧渔业生产	元	NH7-104	
粮食平衡表	一、年初粮食结存	千克	NH7-105	
	二、年内粮食收入合计	千克	NH7-106	
	1.自产	千克	NH7-107	
	2.购入	千克	NH7-108	
	3.借入	千克	NH7-109	
	4.收回借出粮	千克	NH7-110	
	5.其他	千克	NH7-111	
	三、年内粮食支出合计	千克	NH7-112	
	1.口粮	千克	NH7-113	
	其中：小麦	千克	NH7-114	
	稻谷	千克	NH7-115	
	玉米	千克	NH7-116	
	大豆	千克	NH7-117	

		单位	代码	数值
粮食平衡表	薯类	千克	NH7-118	
	2. 出售	千克	NH7-119	
	其中：出售给国家	千克	NH7-120	
	3. 种子	千克	NH7-121	
	4. 饲料	千克	NH7-122	
	5. 借出	千克	NH7-123	
	6. 归还借粮	千克	NH7-124	
	7. 其他	千克	NH7-125	
	四、年末粮食结存	千克	NH7-126	
	其中：小麦	千克	NH7-127	
	稻谷	千克	NH7-128	
	玉米	千克	NH7-129	
	大豆	千克	NH7-130	
	薯类	千克	NH7-131	
	其中：口粮	千克	NH7-132	
	饲料	千克	NH7-133	
	种子	千克	NH7-134	

（八）全年主要食物消费量、主要耐用物品年末拥有量及居住情况

		单位	代码	数值
全年主要食物消费量	1. 粮食（原粮）	千克	NH8-01	
	其中：外购	千克	NH8-02	
	2. 蔬菜	千克	NH8-03	
	3. 豆制品	千克	NH8-04	
	4. 植物油	千克	NH8-05	
	5. 动物油	千克	NH8-06	
	6. 猪肉	千克	NH8-07	
	7. 牛肉	千克	NH8-08	
	8. 羊肉	千克	NH8-09	

		单位	代码	数值
全年主要食物消费量	9. 牛、羊奶	千克	NH8-10	
	10. 家禽	千克	NH8-11	
	11. 蛋类	千克	NH8-12	
	12. 鱼虾	千克	NH8-13	
	13. 水果	千克	NH8-14	
	14. 食糖	千克	NH8-15	
	15. 卷烟	条	NH8-16	
	16. 烟叶	千克	NH8-17	
	17. 白酒	千克	NH8-18	
	18. 啤酒	千克	NH8-19	
主要耐用物品年末拥有量	1. 自行车	辆	NH8-20	
	2. 缝纫机	架	NH8-21	
	3. 电视机	台	NH8-22	
	其中：彩色电视机	台	NH8-23	
	4. 录音机	台	NH8-24	
	5. 音响	套	NH8-25	
	6. 洗衣机	台	NH8-26	
	7. 电风扇	台	NH8-27	
	8. 电冰箱	台	NH8-28	
	9. 大型家具	件	NH8-29	
	10. 照相机	架	NH8-30	
	11. 摩托车	辆	NH8-31	
	12. 录像机	台	NH8-32	
	13. 固定电话	部	NH8-33	
	14. 移动电话	部	NH8-34	
	15. 空调	台	NH8-35	
	16. 微波炉	个	NH8-36	
	17. 电脑	台	NH8-37	
	18. 小汽车	辆	NH8-38	
	19. 热水器	台	NH8-39	
	20. 电饭锅	个	NH8-40	
	21. 摄像机	台	NH8-41	
	22. 影碟机	台	NH8-42	

续表

	单位	代码	数值
一、年末拥有居住房屋面积	平方米	NH8-43	
年末拥有居住房屋原值	元	NH8-44	
二、住房类型	——	——	——
1.楼房	平方米	NH8-45	
2.砖瓦平房	平方米	NH8-46	
3.其他	平方米	NH8-47	
三、住房结构	——	——	——
1.钢筋混凝土结构	平方米	NH8-48	
2.砖木结构	平方米	NH8-49	
3.其他	平方米	NH8-50	

（最左列纵向文字：农户居住情况）

附表：农户居住条件情况

	代码	
1.卫生设备情况	NH8F-1	
2.用电照明情况	NH8F-2	
3.饮用水情况	NH8F-3	
4.取暖设备情况	NH8F-4	
5.主要使用的燃料	NH8F-5	
6.互联网接入情况（1.是 2.否）	NH8F-6	

单位负责人：　　　统计负责人：　　　填表人：　　　报出日期：2011 年 12 月 20 日

后　记

　　本书是以我的博士论文为基础整理而成的，算是对自己博士三年求学生涯的总结。从 2020 年博士毕业，至今两年有余，翻阅博士论文，感触最深的仍是致谢部分，因为上面留有曾经给过我巨大帮助的老师、同学和亲友，本书能够出版也与他们的帮助和支持有关，故将博士致谢照录如下，以为后记。

　　当亭亭玉立的郁金香迎着春的朝阳在厚生楼前绽放的时候，我的博士求学生涯即将接近尾声。回首这三年的学习时光，点点滴滴，恍若昨日，与这座名家大师辈出、文化底蕴深厚的百年老校的相遇仿佛就在昨天，却已相伴了三个春天，在这离别之时，心中的眷恋难以名状，只能怀着一颗感恩虔诚的心，作一告别：书不成字，纸短情长。

　　"长风破浪会有时，直挂云帆济沧海。"想当初做出考博的决定对于认识我的很多人来说实属突然，在高校从事行政工作，很多人都很羡慕我的这份安详，但在这种按部就班的平凡日子里，我也总为自己知识的日渐匮乏、远离专业而迷茫，心里一直有一个声音，我渴望学习进步，这种安逸舒适为人母而失去自我、不进则退的生活不是我想要的，我需要在不断学习的成就中才能找到内心真正的幸福感和满足感，因此，读博继续深造一直是我的梦想，也是我心中指路的明灯。可是再次捡起书本，对于一个小学生的妈妈谈何容易，专业基础知识老化、英语基础薄弱、数学背景差，这些都是我直接面对的压力。这条路充满了我没有想到的艰难困苦，可是为了心中的这盏明灯，我毅然重新踏上了漫漫求学之路。现在看来，这一选择是正确的，这一路的艰难困苦、酸甜苦辣，无数次挑灯夜战、秉烛夜读使我有了破茧化蝶的蜕变与成长。回首这三年多的求学历程，我时常感慨自己是一个多么幸运的人，能有这么安静的一段读书时光，在如此美丽的校园得到这么多学识渊博的老师的指导，还有这么多青春靓丽的、可爱的同学相伴。他们的关心和帮助，让我获得更多的勇气和信心不断前行。

"令公桃李满天下，何用堂前更种花。"2017年的春天，恩师傅康生教授给了我一个弥足珍贵的机会，为我开启了学术研究的大门。由于过去的教育和工作背景，对于学术研究我一直是缺乏自信的，老师给我的这个机会，给了我信心让我继续坚持。跟随恩师学习的过程中，老师严谨的科研态度，坚韧、谦和、博学的精神时刻影响和引导着我，给了我读博生活中最大的鼓励和信任，在论文从选题方向的确定、数据的收集和整理、阶段性写作、针对性修改到最终定稿的整个过程，傅老师更是花费了大量的心血，尤其是每次和老师请教讨论论文，老师和蔼宽容的态度总是给我莫大的鼓励和信心，在我遇到困难的时候，像对待女儿一样帮助我，在此对傅老师的鼓励、理解、宽容和信任表示衷心的感谢！

"山高水长有时尽，唯我师恩日月长。"在读博生涯即将落下帷幕的时刻，要感谢的老师还有很多很多。感谢上海交通大学史清华教授给予的数据支持，论文的完成离不开数据，没有您慷慨无私地提供全国农村固定观察点的数据资料，我的论文将难以完成，感谢您一直把我当成自己的学生一样给予毫无保留的关心和帮助，您的教诲我将一直铭记于心，无以回报只能化为前行的动力，努力成为更加优秀的自己。感谢纽约州立大学何振宇教授给我机会去美国学习，何老师也是我在美国学习的指导教授，他对我在美国的学习生活给予了极大的支持和帮助，他对于学术研究的热情，很多有趣创新的想法极大地丰富了我的思想，也拓宽了研究思路。感谢南京师范大学商学院的蒋伏心教授、潘镇教授、白俊红教授、李金生教授、盛宇华教授、华桂宏教授、封思贤教授、赵仁康教授、卜海教授在论文的选题、开题和中期考核答辩各个环节中对论文给予的清晰的指导和中肯的意见，让我学习到了很多论文写作的理论上和方法上的经验和知识。感谢这三年中给我上过课的张勇、易志高、于明超、彭小辉等老师，他们用语言播种、用粉笔耕耘、用汗水浇灌，将经济学最前沿的理论知识和方法教给我们。感谢给我们开过讲座的朱平芳、刘霞辉、王永贵、俞宁等教授，他们的讲座不仅使我们的知识水平得到进一步提高，而且开阔了视野，扎实的专业功底和对学术的热爱也让我肃然起敬，是我学术路上永远的楷模。感谢商学院行政办公室的张新星、陈雪、戎麈以及图书馆的各位老师，他们的辛勤工作为我们提供了良好的学习生活环境。谆谆如父语，殷殷似友亲，要感谢的老师还有很多很多，人生路上遇到这么多、这么好的老师，是我一生中最宝贵的财富。

"曾记同窗日月酣，未忘分道梦魂憨。"在"正德厚生、笃学敏行"这一校训和"严谨、朴实、奋发、奉献"的优良校风引领下，南京师范大学商学院有着浓厚的学术氛围。在这里我有幸遇到了一批可爱专注热衷学术的同学挚友，感谢行敏楼博士生工作站241办公室朝夕相处的同学们，他们是姜薇、陈燕儿、谢星、杨静、李笑、杨柳、钱晔、武德河，还要感谢同门师姐徐欣、师妹宋凯艺，他们的陪伴让我苦涩的读博生活不再孤单，他们的坚持和努力是我一直学习的榜样，他们朝气蓬勃、昂扬向上的态度带给我青春的正能量。一起学习的日子正在渐行渐远，前路漫漫，任重而道远，但是数载同窗情义坚，他们带给我的快乐和美好将永存心间。

"等闲若得东风顾，不负春光不负卿。"亲人永远是人生路上最坚实的后盾、最持久的动力，给予我最无私的帮助和最真诚的陪伴。最后要感谢我的家人，谢谢我的父母，在我犹豫不决，考虑到辞职没有收入会影响生活的时候，他们总是支持我，让我安心读书，给予我最实际的帮助，让我不用为物质生活担忧。这三年博士生活，感谢我的丈夫，在我人生最艰难的这几年无微不至地照顾我、陪伴我、开导我，包容我的焦虑和坏脾气，没有他的理解、包容、支持和陪伴，我不可能安心读书。感谢我的儿子，他总说自己在天上挑妈妈挑对了，挑了一个世界上最好的妈妈，其实我更应该感谢儿子，他的每一个笑容、每一个拥抱、每一份信任和依赖，都让我变得更加坚强有力量。女子本弱，为母则刚，这个小小的小孩儿像一道光，一个小小的奇迹，绽放在我的生命中，他以一个全新的生命姿态在成长，而我则是一次次重生和蜕变！此外，还要感谢我强大的"闺密天团"，嵇卿、陈丽娜、张逸文、苏永娟，你们这些可爱又有趣的灵魂，诗一样美好的中年少女，时光温柔了你们，在兼具母性与成熟的同时，你们在工作和家庭中的优雅、独立、自信、坚强一直是我学习的榜样，你们的幽默、乐观、温暖和陪伴是我读博生活中最温暖的阳光。

感恩过去，春光与时光正好，温暖前行，追梦远行！

崔菲菲

2020 年 2 月于纽约奥尔巴尼

本书出版得到支持与资助

1.江苏省教育厅哲学社会科学重大课题"共同富裕目标下农民幸福感提升路径研究"（2022SJZD146）

2.南京工业职业技术大学引进人才专项课题"农村劳动力转移与家庭储蓄行为研究"（2021SKYJ17）。

3.江苏省社科应用研究精品工程人才发展专项课题"国内发达区域人才发展政策比较与借鉴研究"（22SRC-15）

4.本书出版得到全国农村固定观察点办公室支持